GOLAZO MENTAL

GOLAZO MENTAL

7 Claves Para Entrenar Tu Mente
Y Triunfar En Cualquier Campo

ROMUALDO HERNÁNDEZ

PUBLICADO POR EDITORIAL MISIÓN

ISBN Tapa Blanda: 978-1-958677-11-7

A mi esposa, mi hija, mi padre, mi madre y hermanos.

ENTRENAMIENTO GRATUITO

Por haber adquirido este libro, te quiero obsequiar un **entrenamiento en video** titulado:

"5 Estrategias Para Ser Un Líder Que Inspira"

Puedes verlo GRATIS aquí:

www.RomualdoHernandez.com/regalo

ÍNDICE

AGRADECIMIENTOS 11

PRÓLOGO 15

INTRODUCCIÓN 21

CAPÍTULO I 33

CAPÍTULO 2

DEL RECREO A LA SELECCIÓN DE FÚTBOL INFANTIL. . . . 41

CAPÍTULO 3

EL CAMINO HACIA EL FÚTBOL PROFESIONAL 51

CAPÍTULO 4

SUPERANDO LAS EXPECTATIVAS

Y FORJANDO MI PROPIO DESTINO. 61

CAPÍTULO 5

HACIENDO HISTORIA 77

CAPÍTULO 6

LECCIONES APRENDIDAS. 89

CAPÍTULO 7

CLAVE 1: CREE EN TU LIDERAZGO 111

CAPÍTULO 8

SEGUNDA CLAVE: CULTIVA LA EMPATÍA. 131

CAPÍTULO 9

TERCERA CLAVE:

OBJETIVOS CLAROS EN MENTE 139

CAPÍTULO 10

CUARTA CLAVE:

SIGUE INSTRUCCIONES PRECISAS 147

CAPÍTULO 11

QUINTA CLAVE: TEN FE. 157

CAPÍTULO 12

SEXTA CLAVE: NO SER JUDAS. 165

CAPÍTULO 13

SÉPTIMA CLAVE: APRENDE A LEER

LAS JUGADAS DE LA VIDA 175

CONCLUSIONES 187

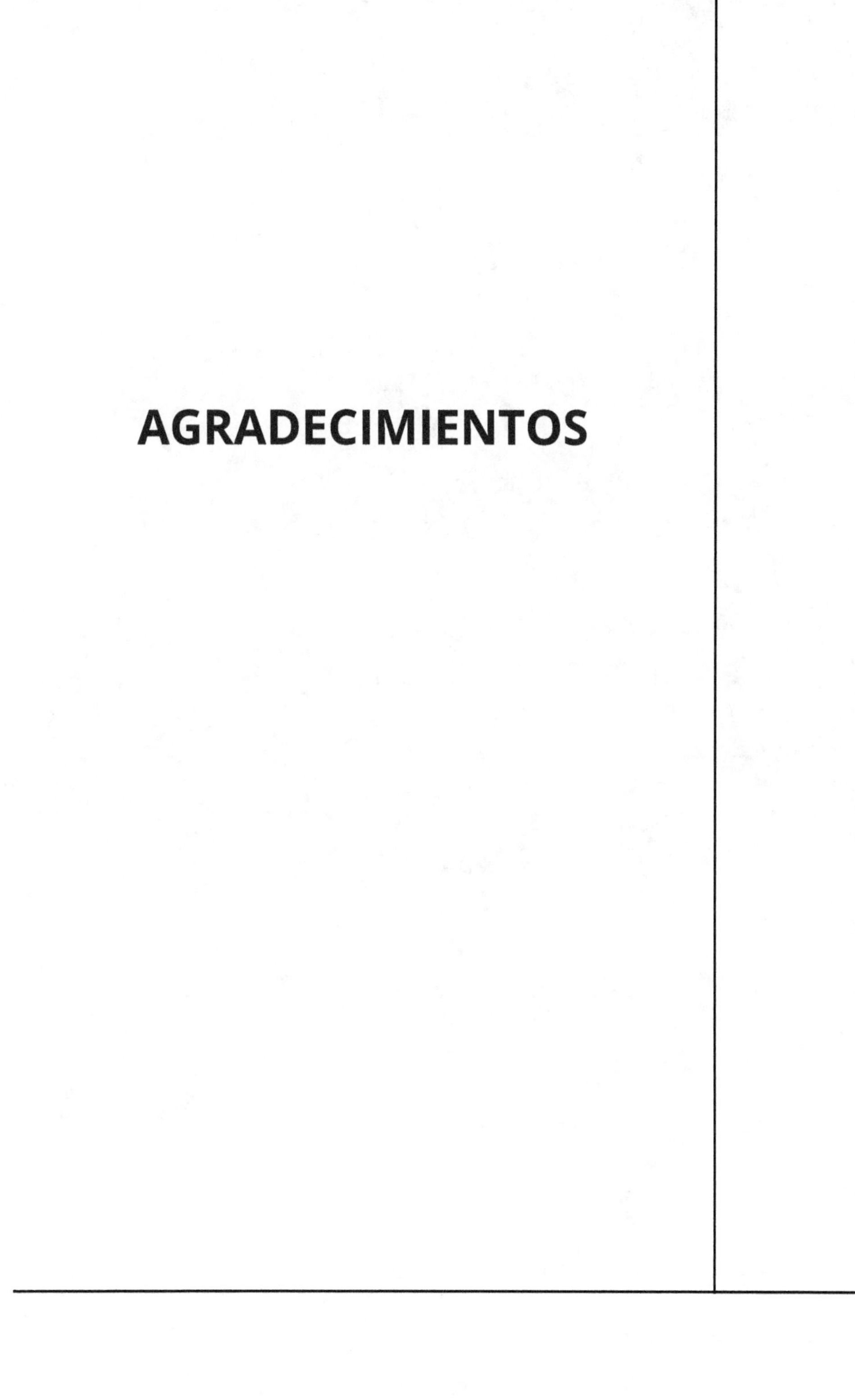

AGRADECIMIENTOS

Agradezco el gran apoyo incondicional de mi familia, mi esposa y mi hija Mariana que en las buenas y en las malas siempre estuvieron dándome una palmadita de inspiración. A mis padres (QEPD), hermanos, parientes y conocidos, que siempre me han acompañado en mis triunfos y fracasos. Gracias por su gran apoyo incondicional en todos mis proyectos y planes que siempre hemos disfrutado.

Agradezco a Dios por esta gran oportunidad de vida, de fe y esperanza para salir adelante en los diferentes planes y proyectos que he trazado para lograr los objetivos de mi plan de vida.

Agradezco a mi gran equipo de deportes de la CODE y a la Comisión Estatal del Deporte del estado de

Guanajuato, por la gran sinergia y empatía para lograr los resultados trazados y el gran trabajo en equipo.

Al gobernador de Guanajuato Diego Sinuhe Rodríguez Vallejo.

Al maestro Marco Heroldo Gaxiola Romo, director de la CODE Guanajuato.

Al Dr. Rosalío Antonio Alvarado del Ángel presidente de la FMP.

A Bertha América Chirinos Torres, presidenta de la Asociación de Levantamiento de Pesas de Guanajuato.

A ROMA, por el gran apoyo moral, por haber transformado y Motivado mi vida, por escucharme en todo momento, por hacerme sentir que unidos somos más fuertes.

A Fernando Reynoso Márquez.

A las diferentes asociaciones deportivas del estado de Guanajuato.

A mis amigos y colaboradores.

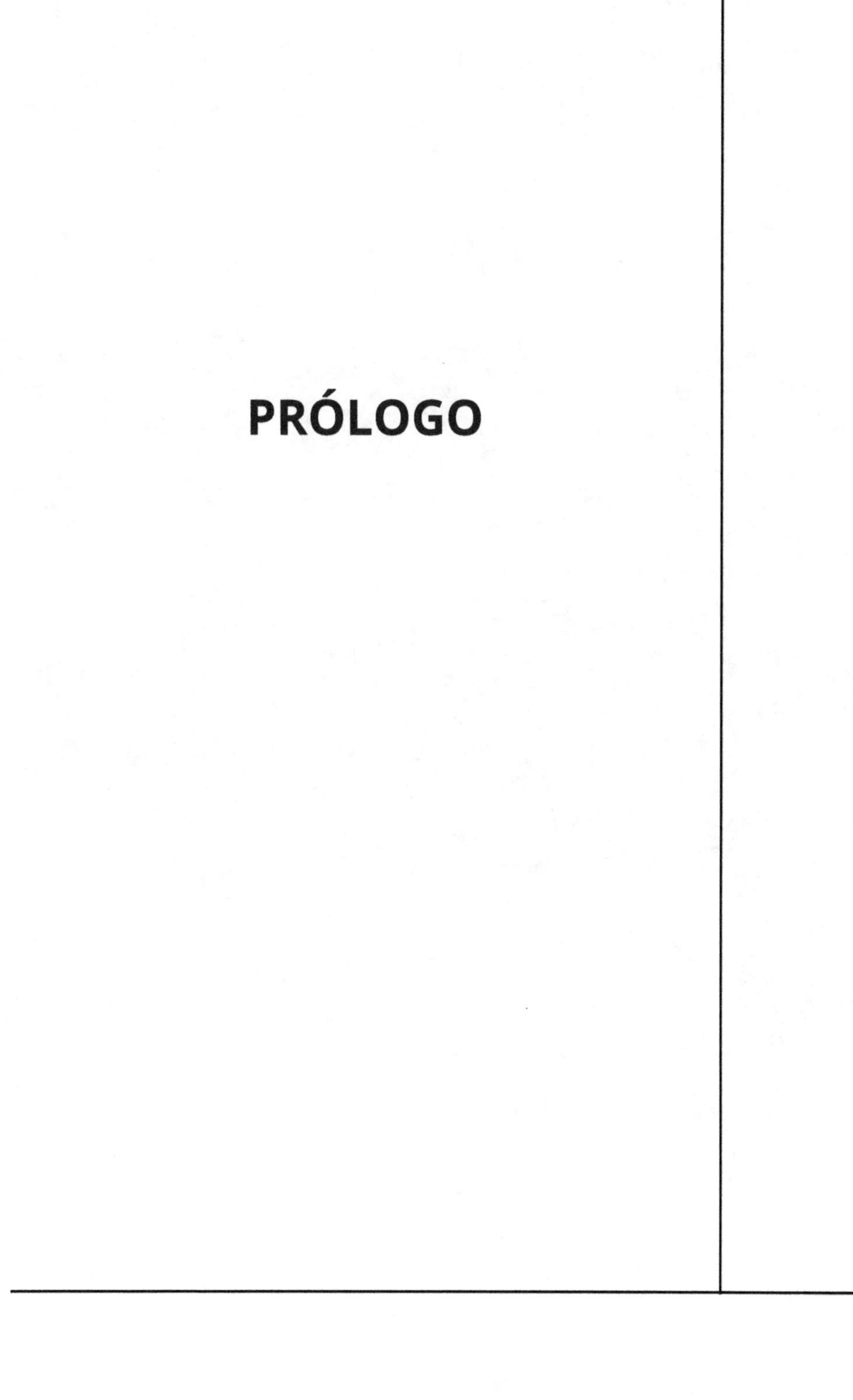

PRÓLOGO

Me complace enormemente compartir mis palabras sobre mi querido amigo, quien acaba de escribir su libro de vida. A lo largo de los años, he sido testigo de su dedicación inquebrantable y su pasión desenfrenada por los deportes, por lo que no es sorpresa que haya sacado a la luz esta obra profundamente inspiradora.

Desde que lo conocí, mi amigo ha demostrado una tenacidad excepcional tanto en el ámbito deportivo como en el competitivo y profesional. A través de sus experiencias, ha sabido enfrentar los desafíos con valentía y determinación, siempre con el objetivo de superarse a sí mismo y ayudar a los demás a alcanzar nuevas metas. Este libro es un testimonio de su rica trayectoria deportiva y de vida, que estoy seguro de que cautivará a los lectores con su narrativa emotiva y convincente.

Además de ofrecer una visión íntima de su vida, este Iibro también brinda un profundo insight en las lecciones aprendidas a lo largo de su trayectoria deportiva. Mi amigo no solo comparte sus éxitos, sino también los momentos difíciles que enfrentó. A través de ellos, nos enseña la importancia de la perseverancia, la resiliencia y el trabajo duro. Su experiencia es un testimonio de que, con dedicación y disciplina, se puede lograr cualquier objetivo, sin importar cuán difícil parezca.

El Señor y compañero Roma, como le decimos, me maravilla cómo ha logrado equilibrar su vida deportiva y competitiva con otros aspectos de su vida. A pesar de la intensidad de los retos y competencias, siempre se ha mantenido humilde y ha priorizado las relaciones personales. Es un ejemplo vivo de cómo ser exitoso en el deporte no tiene por qué significar sacrificar la felicidad y las conexiones profundas con los demás.

Además, a través de su libro, mi amigo muestra un profundo respeto por la ética deportiva y la competencia justa. Nos recuerda que el deporte es mucho más que solo ganar o perder, sino una oportunidad de superarse a uno mismo y de crecer como persona. Su enfoque honesto y sincero hacia el deporte es un recordatorio para todos nosotros de la importancia de la integridad y el juego limpio.

Estimado Romualdo, a través de tu historia, nos inspiras a perseguir nuestros sueños, afrontar desafíos y vivir la vida al máximo. Estoy profundamente orgulloso de tenerte como amigo y saber que tu historia inspirará a generaciones futuras de atletas y competidores.

Atentamente, tu amigo y servidor

Marco Heroldo Gaxiola Romo
Director General
Comisión de Deporte del Estado de Guanajuato (CODE)

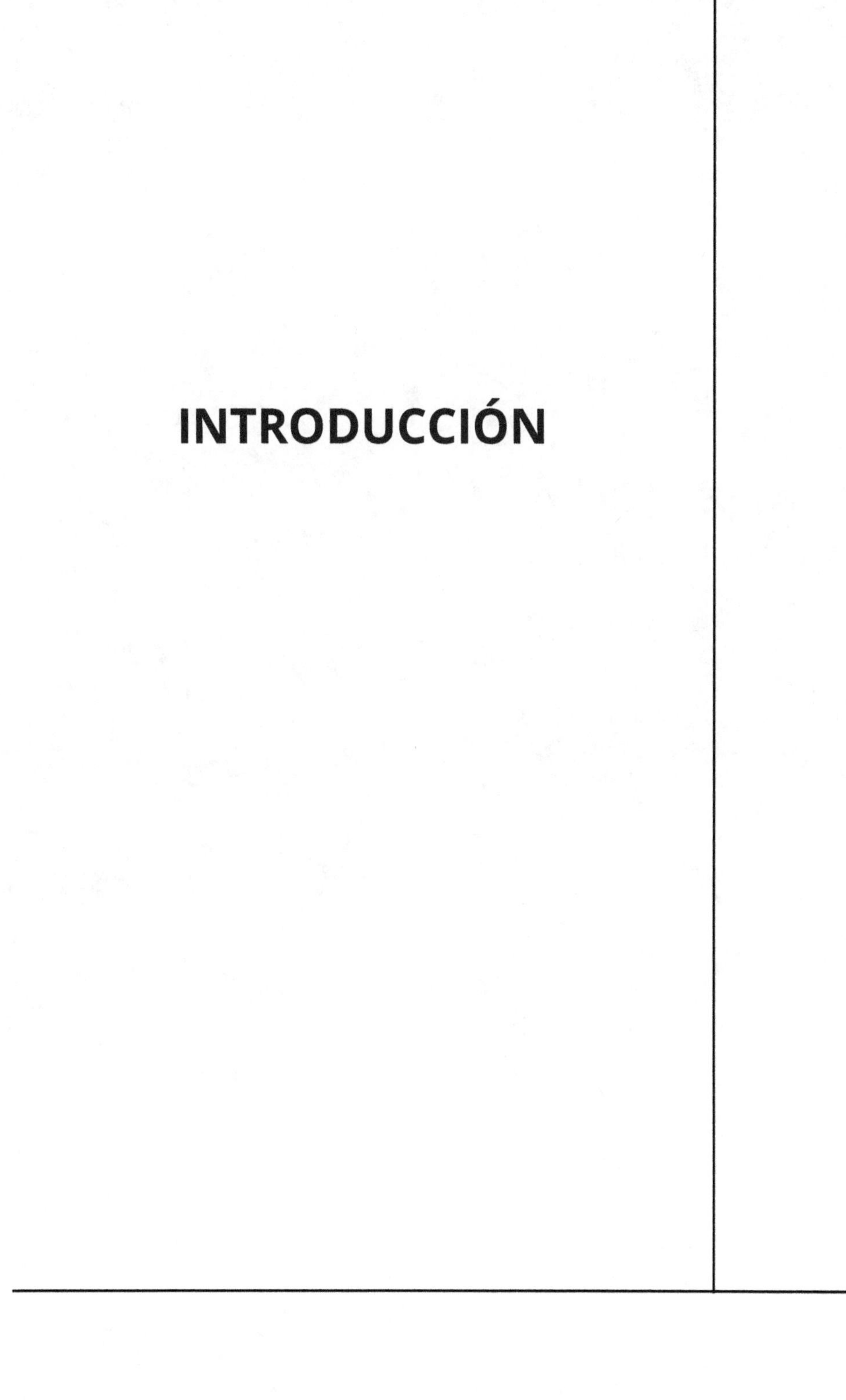

INTRODUCCIÓN

Desde antes de nacer, mi energía inquieta ya se manifestaba a través de las patadas que daba en el vientre de mi madre. Era como si desde ese mismo instante supiera que el fútbol sería mi mayor pasión.

Persiguiendo una pelota desde temprana edad, escuchaba los gritos de mis padres que me decían: "¡Romualdo, detente!", pero no había forma de que me detuviera.

Nada podía frenarme; mi determinación siempre fue inquebrantable.

Mi nombre es Romualdo Hernández. Soy de San Miguel de Allende, una ciudad llena de color y cultura en el corazón del estado de Guanajuato, México. Es un lugar tan hermoso que la Unesco lo declaró Patrimonio de la Humanidad.

Crecí en una familia grande y humilde, donde aprendí a trabajar duro desde pequeño.

Mi papá tenía una fábrica de pisos aquí en San Miguel de Allende. Era bastante reconocido en toda la región porque fabricaba pisos de mosaico para todo tipo de construcción de una calidad insuperable. Dejó una huella histórica en numerosas capillas e iglesias de San Miguel de Allende. Además, estos mosaicos los distribuía por toda la región de México.

A pesar de no haber tenido oportunidad de ir a la escuela, era un emprendedor exitoso y nos enseñó mucho sobre el valor del trabajo. Tanto, que desde muy niño me puso a trabajar en su fábrica. Él consideraba que cualquier niño era un flojo si pasaba mucho tiempo jugando o en la calle.

Pero esos eran **sus valores**… la enseñanza que mi padre había recibido.

De todos modos, cada sábado yo me reunía con mis

amigos para disfrutar de apasionados partidos de fútbol. Aunque yo solo tenía nueve años en aquel entonces, el fútbol se había convertido en mi pasión y mi refugio.

Cada partido era un escenario donde podía expresar mi talento y disfrutar de la adrenalina que recorría mi cuerpo con cada jugada. Por eso es que todos querían que yo estuviera en sus equipos, ya que mi habilidad como goleador era reconocida por todos.

Jugaba como centro delantero y los padres de mis amigos siempre me llamaban diciendo: "¡Romualdo, ven a jugar!". Pero los sábados eran muy complicados para mí, pues cada uno era un desafío.

Aunque mi padre nos exigía trabajar en vez de divertirnos, yo llevaba en mi interior la pasión por el deporte. Me presentaba a trabajar muy formalmente en su fábrica, pero bajo mi ropa de trabajo ocultaba una camiseta deportiva, pantalones cortos, medias y zapatos de fútbol.

Desde muy joven, siempre ideaba estrategias para escapar de la fábrica. Los empleados me protegían y cuidaban, porque veían en mis ojos el intenso amor que sentía por el juego.

Salía corriendo para llegar a tiempo al campo de fútbol. Y en cuanto llegaba, me sacaba a toda prisa la camisa y los pantalones del trabajo para poder jugar.

Metía muchos goles, pero no podía disfrutar ni una victoria como era debido, porque siempre estaba preocupado, alerta, sabiendo que mi papá podría aparecer en cualquier momento.

Fueron varias las veces que llegó por mí. Enfurecido. Llegaba gritando frente a todos los padres, madres y compañeros de equipo, golpeándome con el cinto y sacándome del juego con violencia.

Eso me causaba **vergüenza, miedo, tristeza.**

Veía en la cara de mis amigos el miedo y el pesar. Los padres de familia le suplicaban a mi papá que no me golpeara, pero él los ignoraba.

Mi padre me lastimaba no solo en la carne con sus golpes, sino también en lo más profundo de mí.

Sentía un gran desánimo. Incluso pensé que dejaría de ver a mis mejores amigos; sin embargo, para mi sorpresa se solidarizaron conmigo y me preguntaban por qué mi padre me trataba así.

Yo tenía marcas en la espalda, él era muy violento.

En esa época de mi vida, lamentablemente, desarrollé un profundo resentimiento hacia mi padre. No me permitía hacer lo que realmente quería: jugar fútbol.

Además, él nunca estaba ahí para celebrar mis éxitos. Nunca.

No me dí por vencido. Comencé a ausentarme más seguido del trabajo para jugar fútbol. Me escapaba todos los días, de lunes a sábado, y así se repetía el mismo patrón una y otra vez: esconder la camiseta, los pantalones cortos, los zapatos de fútbol, todo para poder escaparme y jugar a escondidas. Era casi una obsesión. No podía resistirme.

Pero cuando mi padre no iba a buscarme, enviaba a mi hermano mayor para sacarme del campo acusándome de flojo, obligándome a trabajar. Era una auténtica frustración.

¿Cómo es que yo tenía un padre tan malo, mientras que mis amigos tenían padres que los apoyaban y alentaban a seguir jugando? No tenía la suerte ni la alegría de contar con eso, y era triste ver cómo mi padre se comportaba de aquella manera conmigo.

A raíz de todo eso, me volví callado, observador y analítico. La vida comenzó a avanzar en esa dirección de forma lenta y pesada.

A pesar de los retos y las restricciones, el deporte se convirtió en mi refugio. Anotar goles y saborear la victoria tenía un sabor agridulce debido al constante temor de ser atrapado por mi padre o mi hermano.

Sin embargo, cuando llegaba al campo de fútbol y veía las caras de mis compañeros y sus padres, una alegría y una satisfacción interna se apoderaban de mí. Me repetía una y otra vez que si me esforzaba lo suficiente, marcaría un gol… ¡y lo conseguía una y otra vez! Siempre ganábamos y yo era el máximo goleador del equipo.

Fue esa **inquebrantable actitud** desde niño la que me llevó a conquistar paso a paso mi camino hacia el éxito; desde desempeñarme como jugador, entrenador, director técnico y luego presidente del renombrado Club Atlético San Miguel, hasta obtener el cargo de director del deporte estatal del estado de Guanajuato.

Fueron esos mismos pensamientos y procesos por el cual pude también obtener una licenciatura, una maestría y un doctorado, entre otros muchos logros más. Todo ésto me ha permitido dejar una marca imborrable en el panorama deportivo nacional e internacional.

Entonces, ¿cómo pude convertir una vida llena de represión e inseguridad en una historia de triunfo y superación?

Quiero hacerte una pregunta.

Si contara con una máquina del tiempo y pudiera enviarle a aquel niño de 9 años, a mi yo más joven, un manual de secretos que le enseñara a superar cualquier obstáculo y a salir de la zona de confort...

¿Te interesaría tener ese manual?

Pues bien, **lo tienes en tus manos**.

Esta es la motivación detrás de la creación de este libro. Si tuviera la oportunidad de transmitirle a mi yo más joven los pasos precisos para alcanzar el éxito, este libro sería mi herramienta para hacerlo.

Aquí puedo brindarle instrucciones claras sobre **qué acciones tomar y cuáles evitar**. Cómo evitar la experimentación, el dolor y los errores que yo mismo enfrenté. Con la experiencia que me han dado los años, puedo ahorrarle un tiempo valioso en la búsqueda y evitarle el sufrimiento innecesario.

Así que, en este libro, mi estimado lector, podrás apalancarte de mis años de fracasos y triunfos, así como de mis experiencias, de manera que puedas alcanzar el éxito más rápido que yo.

Si deseas superar la adversidad y abandonar tu zona de confort en busca de alcanzar la cima, te invito a sumergirte en las páginas de este libro.

Te recomiendo leerlo de principio a fin de un solo tirón, absorbiendo cada palabra con atención. Luego vuélvelo a recorrer pausadamente, tomando notas que te ayuden a internalizar y aplicar cada enseñanza.

Al seguir paso a paso la fórmula que te revelo en estas páginas, vas a **desatar un potencial ilimitado en todas las áreas de tu vida**. No importa en qué situación te encuentres hoy, te aseguro que hay un futuro lleno de posibilidades esperándote. Solo necesitas **dar el primer paso** y embarcarte en este viaje de autodescubrimiento y crecimiento.

¿Estás dispuesto a escribir tu propia historia de transformación?

Entonces, ¡comencemos!...

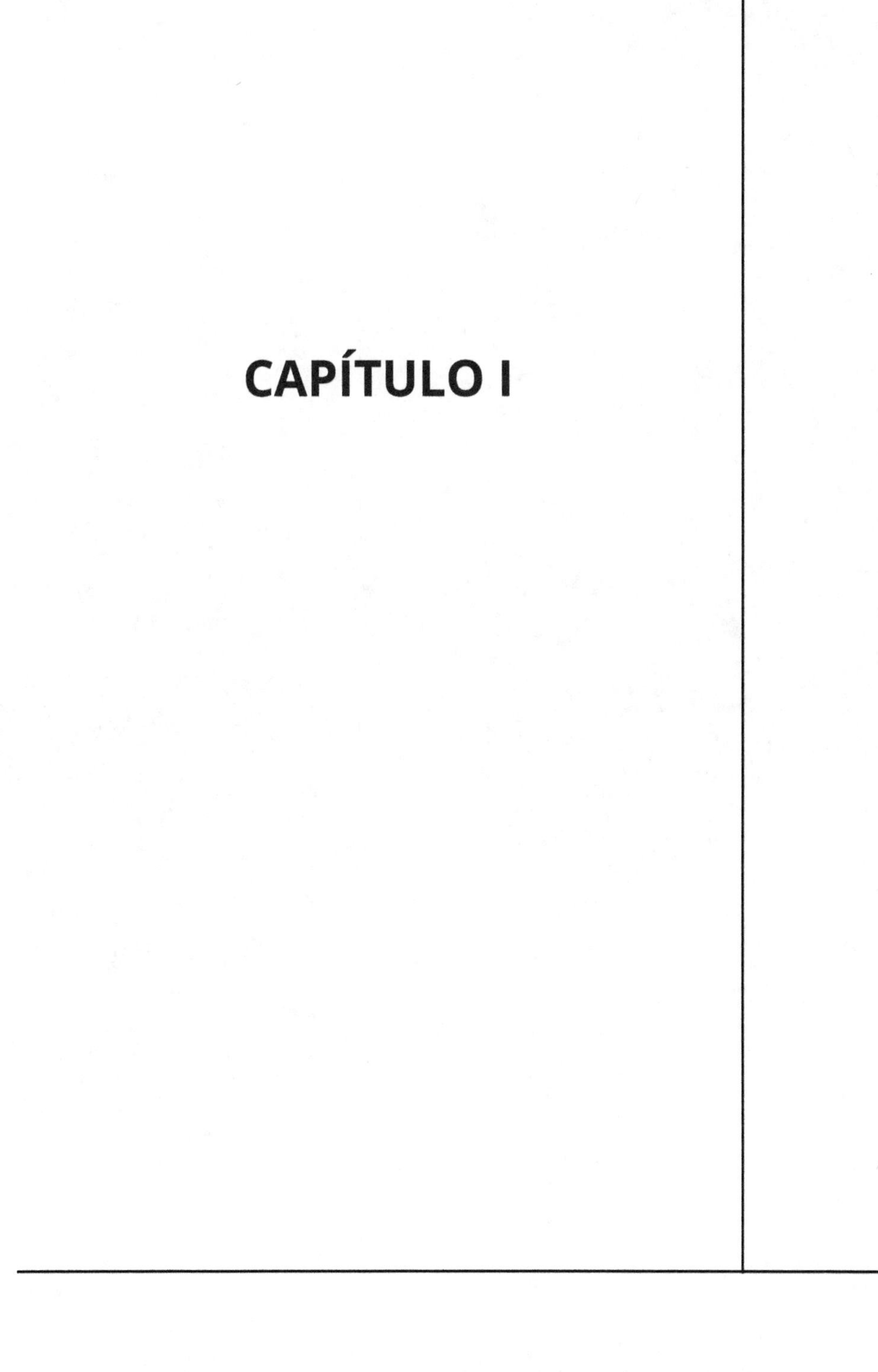

CAPÍTULO I

Durante mi etapa en la escuela primaria, me encontré enfrentando no solo los retos académicos, sino también las dificultades que surgen cuando uno crece y se topa con el hambre y otras necesidades básicas. Fue entonces cuando comprendí la importancia vital de contar con suficiente alimento en la vida. En nuestro modesto hogar, carecíamos de muchas cosas.

Siempre estábamos en busca de oportunidades para encontrar algo qué comer. Recuerdo cómo en ocasiones me aventuraba a tomar peras, manzanas y nueces de los huertos cercanos, procurando saciar mi hambre insaciable. Para mí, era como una travesura propia de la juventud, un pequeño acto de rebeldía ante la realidad que nos rodeaba.

Incluso disfrutar de un simple refresco era un lujo que solo nos lo podíamos permitir muy de vez en cuando.

Mi padre trabajaba día y noche, pero su dinero se iba en pagar las deudas y a los trabajadores. Mientras trabajábamos con él, nos decía lo que muchos jóvenes escuchan: "No te preocupes, todo esto será tuyo. Trabaja, aunque no te pague como a los demás".

Yo sentía una mezcla de emociones que me inquietaba. Teníamos que buscar la manera de satisfacer nuestras necesidades básicas, a veces de disfrutar de un simple refresco.

Sentía un temor abrumador hacia mi padre, y eso me llenaba de tristeza.

El dolor más intenso era que mi padre no entendía mis necesidades y tenía miedo de expresárselas; temía decirle: "Ayúdame, esto me gusta, esto no me gusta". Irónicamente, yo era su hijo favorito. Siempre lo presumía, aunque también me golpeara. Mis amigos notaban mi tristeza, y eso solo aumentaba mi sufrimiento.

Con tan solo nueve años, a veces pensaba en irme de casa, vivir en otro lugar. No planeaba hacer nada drástico, pero me cuestionaba por qué me había tocado un padre tan malo mientras a mis amigos les tocaba lo contrario. En varias ocasiones, los padres de ellos intervinieron en mi situación, me apoyaban y se enojaban con él, pero al final no podían hacer nada porque él era mi padre.

Mi complicada relación con mi papá fue una lucha constante en mi vida, pero en lugar de dejarme derrotar, aprendí a ser **resiliente**. Aunque a veces me costaba atender a lo que necesitaba, nunca dejé que eso me detuviera. Encontré mi fuerza y mi identidad en el mundo del deporte, y fue a través de esa pasión que logré superar los obstáculos y alcanzar el éxito.

Mi madre, en casa, a veces no se daba cuenta de mis acciones. Ella siempre estuvo ocupada en la cocina, atendiendo a mis hermanos menores y haciendo las tareas domésticas. Cuando en algunas ocasiones le llegué a contar lo que ocurría, ella me decía que mi padre era muy exigente, y que para no defraudarlo, mejor trabajara y me esforzara; que no fuera flojo. ¡Pero yo solo quería jugar!

A los ojos de mi padre, jugar fútbol era vagancia. Simplemente no le gustaba y se enfurecía cada vez que descubría que había estado jugando. A pesar de los regaños y los golpes que recibía una y otra vez, mi determinación se mantenía firme, y mi deseo de continuar jugando prevalecía.

En mi caso no había alguien que me motivara, ya sea una abuela, un amigo o un hermano mayor, que me dijera: "Sabes qué... **¡Sí puedes, sigue adelante!**", salvo los trabajadores de mi padre, que me decían que era bueno para jugar fútbol y que podía llegar lejos. Pero mi padre les decía que se callaran, que tenía que formarme bien y esforzarme más. Todo eso lo llevaba en el corazón.

Cada logro alcanzado ha sido el resultado de un esfuerzo constante. En el camino, aprendí a agradecer a Dios y a las personas que me han apoyado, reconociendo que mi éxito no se ha construido solo.

Estas enseñanzas que tuve a través del deporte, me mostraron la importancia de la **resiliencia, la disciplina y la determinación**. Valores fundamentales que me impulsaron a persistir incluso en los momentos más desafiantes y a superar los límites que parecían inalcanzables. Cada victoria y cada derrota me moldearon, forjando mi carácter y fortaleciendo mi espíritu.

Por eso es que cuando trabajo con mis amigos, familia y clientes en sesiones de coaching, les enseño no solo las cuestiones técnicas, sino también las cuestiones éticas, el poder de Dios y la inteligencia emocional.

No ayudo a gente que no quiere ayudarse. Ayudo a personas que quieren transformar sus mentes y crear vidas extraordinarias.

Si esto suena bien para ti, entonces continúa en el siguiente capítulo.

CAPÍTULO 2

DEL RECREO A LA SELECCIÓN DE FÚTBOL INFANTIL

Todo empezó cuando el fútbol llamó a mi puerta y me convocaron a la selección infantil de mi escuela primaria. Fue el momento más valioso con mi padre, sentí que eso podría hacerlo sentir orgulloso de mí.

Déjame revelarte un secreto: en aquellos tiempos difíciles, sin un centavo ni comida en los bolsillos, me escapé del aula durante el recreo para buscar manzanas y nueces en la huerta cercana.

Como resultado de mi pequeña travesura, llegué tarde a clases. Por esta razón, el profesor tomó la decisión de cambiarme al turno vespertino junto con otros nueve compañeros de clase. Según él, el motivo de este cambio fue que el turno matutino ya estaba repleto de alumnos, aunque en realidad todos sabíamos que solo se trataba de quitarse un dolor de cabeza, ya que éramos conocidos por ser el grupo de los diez estudiantes más traviesos e hiperactivos de toda la escuela.

En esas fechas yo estaba en cuarto o quinto grado de primaria, y me sentía muy bien de haber sido cambiado al turno vespertino. Llegaron las eliminatorias de fútbol infantil y juvenil, y dije dentro de mí: "Ahora voy a demostrarles a los del turno matutino todo lo que se han perdido". A pesar de pertenecer al turno vespertino, ganamos el campeonato. Al ver estos resultados, el profesor quiso devolverme al turno matutino, pero le dije: "No, profe, me quedo aquí en el turno vespertino".

La vida me sonrió y fui seleccionado para formar parte del equipo nacional infantil de fútbol. Mi desempeño destacó, me convertí en el goleador y derrotamos a equipos de renombre de diferentes estados como Jalisco, Nuevo León, Baja California, Chiapas, Oaxaca y Estado de México. Era un torneo en el que competíamos contra los treinta y dos estados del país.

Mi objetivo era demostrar a aquel profesor del turno

matutino que cambiar mi horario fue una decisión muy bien acertada. Cualquier desafío que se presentara, ya fuera competencia de arte, poesía, atletismo o fútbol, yo estaba ahí para conquistarlo. Mi determinación se alimentaba del orgullo de haber abandonado el turno matutino.

TRAVESURAS, DESAFÍOS Y SUPERACIÓN

Otro episodio memorable que viene a mi mente es la competencia de poesía coral en la que tuve el honor de participar. La maestra estaba llena de orgullo mientras una compañera del turno vespertino recitaba con maestría, pero de repente, cometió un pequeño error. En ese preciso instante, una chispa ardiente se encendió en mi interior.

Decidí unirme a la batalla y mi objetivo era superar a aquella compañera. Con determinación y entrega, fui coronado campeón absoluto entre todas las escuelas presentes. Esa victoria sólida consolidó mi elección de permanecer en el turno vespertino. No había vuelta atrás, no quería regresar al matutino para que sintieran verdaderamente el peso de lo que habían perdido.

Estas experiencias me marcaron profundamente y emergieron desde lo más profundo de mi ser. Las travesuras, los desafíos y la superación se entrelazaron en un torbellino de emociones. Aprendí que a veces, en la vida, las travesuras pueden desatar oportunidades inesperadas y una rebeldía bien canalizada puede abrir puertas hacia el éxito.

Así era yo, siempre buscando superarme en todo lo que emprendía. Recuerdo cuando se organizaban competencias para medir quién leía más rápido, me aprendía el texto de memoria. Tenía una habilidad innata para el aprendizaje.

Participé en una competencia basada en la lectura de "Hércules" en un minuto. Ese concurso lo gané porque lo había estudiado muy bien previamente, a tal grado que me lo había aprendido de memoria.

Ese fue el momento en que me di cuenta que había en mí un **espíritu competitivo para todo**, en la vida, en el deporte, en los estudios, en el trabajo y en la sociedad. Siempre llevaba esa mentalidad competitiva con un propósito y un objetivo claro en mi mente.

Aunque mi resistencia psicológica era fuerte, seguía cargando con todas las heridas que mi padre me había hecho. Saboreaba mis victorias y mis derrotas en silencio, pues ocultaba un dolor profundo, creyendo que hablar o expresarlo podría ser contraproducente. Pero mi otro yo me decía: "Sigue adelante, no dejes que te detengan".

No le comentaba mis triunfos a mi padre, pero a veces él revisaba mis libretas y veía mis buenas calificaciones; sacaba dinero y me lo daba, como si sintiera que con eso podía compensar todo lo que me había causado.

Luego llegó la secundaria y la preparatoria. Seguía jugando al fútbol y nunca molesté a mi padre para que pagara la colegiatura. Yo iba solo a los exámenes extraordinarios, siempre adelante.

Además, establecí una estrecha amistad con el director, quien me brindó oportunidades en el ámbito del fútbol profesional a los quince o dieciséis años (algo de lo que te hablaré más adelante). Cuando los compromisos fuera de la ciudad me impedían estar presente, el director siempre me apoyaba, permitiéndome presentar mis exámenes más tarde que los demás o perdonándome algunas faltas.

Así, poco a poco, me fui consolidando y empecé a trabajar, generando dinero por mi cuenta. Muchos equipos me contrataban para resolver campeonatos, pagándome dos o tres millones de pesos por partido. Si marcaba un gol, me daban otros dos millones. A veces, terminaba con cinco o siete millones de pesos. Una auténtica fortuna en aquellos tiempos.

Gracias a esos ingresos, podía comprarme mi propia vestimenta deportiva. Mi pasión por el fútbol era tal que llegué al punto de comprar balones todos los días, acumulando varios costales llenos de ellos. Incluso en un terreno baldío, escogí un muro donde dibujé una portería para dedicarme de lleno a perfeccionar mi técnica, tanto con la pierna izquierda como con la derecha.

Empezaba a saborear los frutos del **esfuerzo**.

Por eso me llega profundamente al alma cuando veo a

una persona triunfar, escribir un libro, construir su casa, terminar su licenciatura, alcanzar lo que se propuso. Eso me conmueve mucho, porque lo compagino con mi propio sufrimiento.

CAPÍTULO 3

EL CAMINO HACIA EL FÚTBOL PROFESIONAL

Un día, recibí la noticia de que era muy probable que pudiera entrar a jugar al fútbol profesional. Esa convocatoria fue para mi hermano y para mí a la misma vez, porque jugábamos juntos y nuestras edades oscilaban entre los catorce y quince años.

Fue en esa ocasión que por primera vez, mi padre comenzó a apoyarnos en el deporte. Tal vez, con el fin de quedar bien con nosotros, nos inscribió a mí y a mis cinco hermanos en un equipo de fútbol.

Pronto descubrimos que la mitad del equipo estaba conformado por nuestra propia sangre. Esa formación se convirtió en el estandarte familiar y, entre regocijos, llegamos a ser campeones. El fútbol definitivamente corría por nuestras venas.

Después de ese memorable logro, yo ya no dejaba de jugar, y aunque mi padre no me decía nada al respecto, tampoco me felicitaba; sin embargo, tenía la libertad de ir a entrenar y jugar.

Fue en esa temporada que comencé a recibir llamadas de equipos más grandes y prestigiosos.

Recuerdo con gran emoción cuando me llamaron de la Segunda División… y en mi memoria resurge la intensa felicidad que inundó mi ser. ¡Hasta lloré de alegría! Fue un momento muy emotivo para mí.

EN BUSCA DE LA LIBERTAD CON LOS PUMAS DE LA UNAM

En otra ocasión, alguien me invitó a jugar un partido amateur en secreto, sin que mi entrenador se enterara. A pesar de ser ya un profesional, acepté y jugué en un campo de tierra. La multitud estaba eufórica al verme jugar allí, y los gritos de "¡Gato, Gato!" (ese era mi apodo por el color de mis ojos) resonaban en el aire.

Al terminar el partido, dos figuras se acercaron con curiosidad a mi lado y me preguntaron: "Oye Romualdo, ¿por qué estás jugando aquí si ya eres un profesional?". Les expliqué que me habían invitado a jugar y se me hizo fácil.

Entonces me dijeron: "Te hemos estado siguiendo durante tres meses y ahora nos preocupas. ¿Cómo te atreves a jugar en el fútbol amateur con personas que carecen de técnica, que no juegan bien y no son limpios? ¿Qué pasaría si te fracturas, te lesionas o recibes un golpe grave? Tú eres una persona con un gran futuro por delante".

Continuaron con una pregunta que cambió mi vida:

"¿No te gustaría jugar en los Pumas de la UNAM?".

Sin pensarlo dos veces, les respondí: "¡Claro que sí!".

Cuando era niño, viví un suceso muy particular que hoy

en día podría relacionarse con eso de la ley de atracción o de tener un propósito. Mi hermano mayor era seguidor del América, mientras que mi hermano del medio era aficionado a las Chivas.

Ellos intentaban persuadirme sobre qué equipo debía apoyar. En aquel entonces, con apenas seis años, no tenía muy bien definido a quién irle. Sin embargo, recuerdo haberle preguntado a mi hermano: "Pero, ¿qué otros equipos existen?". Entonces, en ese instante, él sacó una revista y me mostró los escudos de los diferentes clubes.

A primera vista, me encantó el escudo de la UNAM, un triangulito con un puma en medio.

Y le dije muy seguro de mí: "A mí me gusta ese… **¡y en ese equipo voy a jugar!**".

Volviendo a la charla que tenía con estos dos representantes de los Pumas, me preguntaron: "¿Qué estás estudiando?". Respondí: "Estoy en la preparatoria". Entonces me dijeron que tenía que informar a la escuela que ya no iba a estudiar allí porque me iba a la reserva de los Pumas.

Una gran alegría invadió mi ser en ese instante. En aquellos tiempos existían jugadores que eran auténticos ídolos para mí, como el Tuca Ferretti, Luis Flores, Manuel Negrete, Jorge Campos y Luis García. Incluso, intentaba imitar la forma en que el Tuca golpeaba la pelota, porque pegaba unos disparos bárbaros.

Estudiaba con detalle la manera de encontrar el ángulo y el punto exacto de contacto para golpearla. Y yo realizaba todos los movimientos biomecánicos que el Tuca hacía. Era mi ídolo para el golpeo del balón.

Los representantes quisieron hablar con mis padres.

Para ese día que llegaron a mi casa, nuestra calle se llenó de gente. Había muchos curiosos por todos lados.

Mi padre me alzó en brazos y me susurró: “Perdóname, no sabía lo que hacía. Desgraciadamente yo no estudié. Lo que yo quería era que trabajaras y le echaras ganas; pero con esto, me rompes toda la madre. ¡Eres mi mejor hijo!”.

Su abrazo me conmovió el alma y al mismo tiempo me

rompió el corazón. Quizás él no tenía la sensibilidad para decir: "Bueno, voy a apoyar a mi hijo, voy a motivarlo". Mi padre provenía de un rancho, de una comunidad muy ruda. Él no había podido estudiar ni tenía esos valores o principios. Entendí eso y lo perdoné.

Pasado el tiempo, platicábamos de eso como buenos amigos, ya que me convertí en su mejor amigo, su hijo más querido, independientemente de todo. Él me adoraba por todo lo que yo hacía, por mis éxitos y resultados. Y él me llegó a pedir perdón por todo lo que me había hecho de niño.

Y sí… perdoné a mi papá de todo corazón… creo que no hubiera podido vivir con esa carga.

Yo ansiaba mi libertad y, para conseguirla, me uní a los Pumas. En 1987, formé parte de la Reserva Nacional de Pumas y luego me llevaron a jugar fútbol en Estados Unidos, específicamente en Dallas, Texas. Rápidamente, me destaqué en el fútbol de Dallas y me pagaban sumas considerables.

Un dato curioso es que estuve viviendo de indocumentado durante toda esa estadía en los Estados Unidos.

Varios equipos me buscaban para que fuera su **entrenador y motivador**; un rol que me entusiasmaba. También empecé a entrenar a algunos equipos de Torreón y de otras ciudades de los Estados Unidos. En esta temporada empecé a notar cómo mi dedicación y experiencia inspiraban a otros en el campo de juego.

Hasta este punto, hemos recorrido mi camino por el fútbol y hemos descubierto cómo logré perseguir mi pasión en este deporte, superando retos y desafiando expectativas. Sin embargo, déjame decirte que esta historia apenas está empezando, y lo mejor está por venir. Sigue leyendo...

CAPÍTULO 4
SUPERANDO LAS EXPECTATIVAS Y FORJANDO MI PROPIO DESTINO

Duré casi dos años jugando en Estados Unidos. A pesar de mi juventud en ese entonces, con apenas 21 años, tuve la determinación de no malgastar lo que había ganado. Trabajando con prudencia y disciplina, regresé a México con muy buenos ahorros... pero esta vez... no tenía contrato en puerta.

Me pregunté: "¿Qué voy a hacer ahora en México?".

Tenía que emprender un negocio o hacer algo para poder vivir.

Mi padre solía ofrecer a mis hermanos mayores la oportunidad de ser sus propios jefes. Les decía, "oye, te regalo una máquina, ponte a trabajar y haz tu propia empresa". Los motivaba a forjar su propia empresa, pero ellos siempre rechazaban su propuesta.

No les interesaba, tal vez porque estaban aburridos de ese trabajo. Cuando haces la misma labor una y otra vez, terminas cansándote, especialmente si la situación y las condiciones son como las que he contado.

De esta manera, mi padre ofrecía lo mismo a cada uno de mis hermanos, pero ninguno aceptaba su oferta.

Por mi parte, nunca recibí una oferta similar, un comentario o tan siquiera una insinuación para emprender. Solo recuerdo que en una ocasión me dijo que "yo era demasiado ingenuo para llevar adelante un negocio como el suyo", y esto nunca se me olvidó.

Cuando regresé a México, él se dió cuenta que había regresado con mucho dinero, y me pidió dinero prestado para adquirir un autobús. Mi respuesta fue muy firme: "No papá, discúlpame, pero no tengo".

Él mencionó que mi madre decía que yo sí tenía dinero, a lo que respondí: "Es cierto, pero déjame ser honesto contigo, voy a construir mi propia fábrica". Y así fue como partí a Guadalajara, encargué la maquinaria y los moldes necesarios. Mi objetivo era establecer una fábrica a imagen y semejanza de la suya. Ante mis planes, él me reclamó: "¿Cómo crees que lograrás hacerlo?". Aquellas palabras solo sirvieron para avivar aún más mi motivación.

Días después, mi padre se me acercó y me propuso un trato: "Oye, ¿qué te parece si te vendo mi fábrica?". Quedé sorprendido y respondí: "¡Ah, caray! Ya he encargado la maquinaria, pero bueno, si aún no la han hecho, te compro toda la fábrica, incluyendo los trabajadores y los pedidos que tienes".

La oferta llamó mi atención, y le pregunté cuánto quería por su fábrica. Mencionó una cifra y sin titubear, acepté: "Está bien, te la compro, pero quiero que mis hermanos estén presentes. No quiero que piensen que me la regalaste o que la heredé, quiero que vean que te la estoy comprando".

Así fue cómo me quedé con la fábrica entera, incluyendo todo el desorden de cosas, la camioneta, los trabajadores y los pedidos. Todo quedó a mi cargo, pero no quería seguir en el mismo lugar. No quería tener nada que ver con ese edificio. Lo primero que quería era demostrarle a mi padre que podía triunfar, a pesar de lo que me había dicho. Por eso, me llevé la fábrica a otro lado, a un terreno de mi hermana mayor.

Atravesé numerosas dificultades, pero considero que esas pruebas fueron enviadas por Dios para poner a prueba mi fortaleza y ver si era capaz de superar los momentos más difíciles y alcanzar la victoria. Me viene a la mente claramente aquel momento en el que mi hermana, de manera poco agradable, me solicitó el terreno argumentando que ya no deseaba que yo trabajara allí, pues ella lo necesitaba.

Le pregunté por qué no me lo había dicho antes; pero bueno, quizá así tenía que suceder, pues al salir de su casa -así como si tuviera un ángel de la guarda cuidando mis pasos-, un viejito con bastón se me acercó y me preguntó **si me interesaba comprar un terreno**. Me quedé sorprendido y le dije que sí.

Me dijo dónde estaba y, aunque tenía mis dudas, me armé de valor y en ese momento me dirigí a ese lugar. Fuimos en mi carro y llegamos a un lugar abandonado. Era un cerro horrible, sin camino ni servicios. Lo curioso es que yo sabía que próximamente se construiría una carretera y una autopista en las cercanías.

Contemplé los desafíos que enfrentaría, pero también vislumbré la valiosa oportunidad que se me presentaba. El anciano, con entusiasmo, me animó a tomar una decisión y finalmente me decidí a comprar ese preciado terreno.

Compré una máquina, nivelé el terreno y comencé a construir. Trasladé toda la fábrica hasta aquel lugar y aproveché para construir una casa en el mismo terreno.

En aquella época, mi ahora esposa me insistía que ya era hora de casarnos pues ya teníamos todo lo que necesitábamos. Yo había estado posponiendo la boda, pero motivado por el deseo de hacer realidad su sueño, le propuse esperar un poco más antes de construir nuestra morada en ese terreno. Seguí trabajando duro, superando cada obstáculo para conseguir esa preciada meta.

Poco a poco fui avanzando, enfrentando las dificultades y

perseverando. Finalmente, logré completar varios sueños pendientes. Me sentía satisfecho, contento, pero también me daba cuenta que no tenía un plan claro para mi futuro. Decidí no casarme todavía y terminé posponiendo de nuevo la boda.

NUEVO ROL, NUEVOS RETOS

Después de haber logrado que la fábrica prosperara grandemente, seguí impartiendo entrenamiento a diversos equipos. En San Miguel de Allende, muchas personas aficionadas al deporte se unieron a mí. Les daba ejercicios y rutinas de entrenamiento, y juntos entrenábamos a diario.

En aquel tiempo, el director de la preparatoria, quien me había dado los permisos para jugar fútbol profesional, fue nombrado director de un departamento en la Presidencia Municipal. Ese departamento abarcaba áreas de acción cívica, cultura, deportes y eventos especiales. Él se puso en contacto conmigo y me pidió que colaborara en el área deportiva.

Acepté con gusto, pensando en que tendría más personas para entrenar y poner en forma, algo que realmente disfrutaba. Al llegar a la oficina con él, me presentó a quien iba a ser mi asistente y me enseñó mi escritorio con una máquina de escribir electrónica. Hasta ese momento, yo pensaba que el trabajo consistiría en dirigir el deporte en la ciudad.

Hablé con mi asistente para entender mejor mi papel. Le pregunté qué tenía que hacer exactamente. Me explicó que los deportistas venían al departamento buscando apoyo para torneos, trofeos, medallas y ayuda para participar en competencias estatales, nacionales e internacionales. Además, teníamos que aprobar presupuestos.

Cuanto más me explicaba, más entendía que mi trabajo era administrar el deporte en la ciudad. Aunque le dije que estaba dispuesto a ayudar, le pedí un favor: necesitaba venir a trabajar a partir del mediodía debido a mis responsabilidades en la fábrica. Por suerte, mi solicitud fue aceptada sin problemas.

Así fue cómo empecé a trabajar como director de deportes

en San Miguel de Allende, alrededor del año 1996. Me sumergí en mi labor y trabajé arduamente.

Un buen día, tuvimos una reunión con Alejandro Ramírez, un líder del deporte en el estado.

Nuestro estado se divide en cuarenta y seis municipios, que se clasifican como pequeños, medianos y grandes. San Miguel de Allende es uno de esos municipios que se coloca en la categoría de los medianos, tanto por el número de gente que vive aquí como por su territorio.

Durante la reunión, Ramírez anunció que brindaría más apoyo a un solo municipio, y este sería el municipio que mostrara más dedicación en los diferentes planes y programas de nuestro estado. El apoyo sería en términos de recursos económicos, materiales deportivos y gestión.

Algo pasó dentro de mí. Mi **mente competitiva** empezó a despertar de nuevo.

En ese instante, supe que San Miguel de Allende estaba destinado a convertirse en el número uno.

Y con esa convicción, una descarga eléctrica recorrió mi cuerpo. Sentí renacer esa fuerza imparable que fluía en cada uno de mis partidos de fútbol.

En lo más profundo de mi ser, resonó una frase:

"No hay límites para aquellos que sueñan en grande".

LA BÚSQUEDA DE CONOCIMIENTO Y SUPERACIÓN

Empecé mi batalla sin descanso por convertir la ciudad en un santuario deportivo. Evalué la infraestructura deportiva de San Miguel de Allende y determiné cuáles eran los deportes prioritarios en la zona. Descubrí también el talento oculto de los atletas locales; muchos habían obtenido resultados destacados a nivel municipal, regional, estatal, nacional e incluso internacional en el Sistema Nacional de Competencias.

Aproximadamente un año después de haber asumido el cargo, se me ocurrió organizar un programa de cursos deportivos de verano; esto con el fin de entretener a la gente durante las vacaciones.

Tuve la idea de incluir en la promoción: "El profesor Romualdo Hernández invita a los tradicionales cursos de verano en el parque Benito Juárez, la cancha Olimpo, San Luis Rey y más". Karate, taekwondo, capoeira, frontón, tenis, entre otras. Me ocupé de organizar todos estos detalles en ese mismo día.

En una de las entrevistas radiales, una persona llamó y preguntó quién era yo, refiriéndose a mi título de "profesor". Me detuve a pensar en esa pregunta y reconocí que tenía razón en cuestionar mi formación. Le respondí que, en mi opinión, cualquiera que enseñe algo puede ser considerado profesor. Sin embargo, respeté su punto de vista y decidí que debía prepararme académicamente.

En esos tiempos solo había terminado la preparatoria y no tenía planes de seguir estudiando. Ganaba mucho dinero, y le decía a mi mamá que no veía la necesidad de hacerlo, que mi fábrica me proporcionaba suficientes ingresos. Además, trabajando en la administración deportiva, también me iba bien. No obstante, reflexioné sobre lo que había dicho la persona en la radio y comprendí que era el momento oportuno para llevar mis estudios a un nivel superior.

Me puse a investigar universidades y decidí finalmente inscribirme en una de ellas. No quise decirle nada a nadie, excepto a mi esposa quien estaba al tanto de mis planes de estudio.

Entré a la universidad con el objetivo de sacar una licenciatura en Educación Física. Tenía la opción de titularme por promedio, pero opté por realizar una tesis bajo una investigación profunda.

Junto a un compañero completamos esta investigación y la publicamos bajo el nombre de *Metodología del entrenamiento de básquetbol en niños de diez y doce años de edad en la Escuela Primaria José Vasconcelos.* Centramos nuestra investigación en la escuela para no abarcar un tema demasiado amplio.

Cuando me entregaron mi título, invité a mi padre al evento sin saber de qué se trataba. Quería sorprenderlo ya que no sabía que yo había estado estudiando una licenciatura. Al darse cuenta se mostró sorprendido y me preguntó cómo lo había logrado. Le dije: "Papá, ahí tienes mi título como un regalo de mí para ti". Le expliqué que en el pasado no había aceptado su apoyo para estudiar porque mi enfoque estaba de lleno en el fútbol y no quería distraerme. Le reconocí además que había sido consciente de mi decisión y que ahora quería honrarlo de alguna manera con ese documento.

En este hecho puedes ver **una de las claves en acción** de las que te comparto más adelante.

No me detuve aquí. Sentí la necesidad de seguir estudiando para superarme todavía más y entré a estudiar una maestría en gestión deportiva en la Universidad de La Salle. Durante ese tiempo, di todo de mí para tener los mejores logros académicos.

Logré terminar la maestría exitosamente y mi afán investigativo dio lugar a otra tesis titulada *Descentralización del deporte en el estado: ¿Por qué es vital expandirse?*

Con el respaldo de mi nueva formación académica y la

valiosa información recopilada en mi tesis, logré llevar a cabo un proceso de descentralización del deporte en varios municipios. Los transformé en organismos públicos independientes, con personalidad jurídica y patrimonio propio.

Gran parte de mi **visión** se había hecho realidad, y el deporte se convirtió en un agente de cambio en cada rincón de esos lugares.

Pero todavía faltaba lo mejor...

CAPÍTULO 5
HACIENDO HISTORIA

Al mismo tiempo que estaba recibiendo mis títulos, me llegó una invitación para dirigir un equipo de Tercera División como entrenador profesional. A pesar de las críticas en los medios, sentía que tenía un amuleto de la suerte.

Sin embargo, comprendí que debía perfeccionar mis habilidades para **enseñar** a los jóvenes todo lo que había aprendido en el fútbol, tanto técnica como tácticamente, así como los principios básicos del entrenamiento. Por lo tanto decidí estudiar la carrera de director técnico de Fútbol Profesional, lo cual implicaba viajar de San Miguel a Querétaro de lunes a jueves durante tres años.

Fue una experiencia enriquecedora, la cual pude combinar

con los entrenamientos donde aplicaba la teoría y la práctica, algo que mantenía a mis deportistas motivados, con ganas de seguir aprendiendo cosas nuevas.

Con todo esto, en el primer año hicimos historia al clasificar al equipo para la primera liguilla de fútbol profesional de San Miguel de Allende. Nadie antes había logrado algo así. En esa liguilla, tuve la oportunidad de llevar a varios jugadores a niveles de Primera División, como Adolfo Bautista, Hugo Ramírez, Leonardo Ramírez y Humberto Obregón. Tal éxito atrajo a más personas a San Miguel de Allende, deseosas de formar parte del equipo dirigido por Romualdo Hernández.

En la primera presentación del equipo a los medios de comunicación, éramos en la sala un grupo de aproximadamente treinta personas, todos deseando aparecer en la foto. Sin embargo, cuando comencé a pedir cooperaciones para adquirir uniformes, balones y otros implementos necesarios para hacer sentir a los deportistas como profesionales, muchas personas se retiraron y solo quedamos tres.

En mi rol de secretario técnico y preparador físico, mi

responsabilidad era solicitar recursos y patrocinios para el equipo. Para ello, fue necesario crear una asociación civil y luego presentarla ante la Federación para generar los ingresos necesarios.

A pesar de muchas dificultades, logramos formar una asociación civil exitosa y la llamamos Club Atlético San Miguel AC.

Durante este proceso, aprendí la importancia de tratar a los deportistas como profesionales y brindarles los implementos necesarios para obtener buenos resultados.

Como entrenador, me convertí en un "todólogo" en el equipo, haciendo de todo un poco, desde coach hasta psicólogo y padre. Me encantaba compartir mi experiencia con los jóvenes y enseñarles cómo triunfar en el fútbol y en la vida. Les aconsejaba no obsesionarse si tenían una pareja, ya que aún les esperaba lo mejor: conocerían a más personas y tendrían oportunidades para tomar decisiones que los beneficiaran.

Les recomendaba que se presentaran a los entrenamientos con **disciplina táctica y técnica**, puesto que los entrenadores valoraban más a alguien disciplinado que a alguien con habilidades extraordinarias, pero sin fundamentos sólidos. **Era esencial seguir las indicaciones del entrenador en el campo**, como sentarse o ingresar al juego cuando se les pedía. Les ofrecía esa "pastilla" para elevarse a un nivel superior.

A medida que avanzaba, llegué a ser el presidente y dueño del Club Atlético San Miguel, además de entrenador. Me encargaba de buscar patrocinios y de todas las tareas relacionadas con la administración del club. Mi perseverancia y pasión me llevaron a dominar todas las facetas de mi profesión y a convertirme en un "metodólogo".

A pesar de que mi tiempo se consumía entre el club y mi trabajo en la Presidencia, sentía una gran gratitud hacia la vida y hacia Dios por todas las oportunidades y enseñanzas que había recibido.

EL PODER DE LAS DECISIONES

Un día, sentado en una banca de la plaza disfrutando de la tarde de San Miguel, llegó hasta mis oídos el sonido de una orquesta interpretando una música maravillosa. Mientras disfrutaba de la música, una mano tocó mi hombro y al voltear, me encontré con mi hermana, la misma que me había pedido el terreno que antes le rentaba.

Con una sonrisa bastante especial, mi hermana me miró a los ojos y me preguntó si me gustaba la música. Le dije que era genial.

Entonces, ella soltó una propuesta inesperada, como si fuera un regalo que caía del cielo:

Si decidía dar el gran paso y me unía en matrimonio, ella se encargaría de invitar a esa misma orquesta para que amenizara en nuestra boda.

La idea de casarme y sentar cabeza me entró de golpe. Emocionado, acepté de buena gana. Ahí fue que tomé la firme decisión de que ya era tiempo, que estaba listo para construir un futuro lleno de amor y compromiso.

Hasta ese día, yo había pensado esperarme hasta los 35 años para casarme, pero parecía ser que el día ya me estaba llegando.

Cuando fui a hablar con mi esposa, ella aceptó de inmediato. Así que no tardamos en unir nuestras vidas, y del fruto de este amor floreció nuestra más preciada bendición: Mariana, nuestra hija única. Mariana me brinda una valiosa ayuda y veo en ella rasgos de mi propio ADN, como su amor por la lectura, la investigación y la búsqueda de conocimiento. Siempre que salimos, busca librerías donde tengan libros que hablen de finanzas, motivación y otros temas interesantes.

Mientras formaba una familia, seguía administrando mi fábrica, el equipo de fútbol y trabajaba en el sector público. Parecía tener suerte en todos los aspectos de mi vida y el dinero llegaba de diversas fuentes. Había completado mi licenciatura y mi maestría, y había dirigido el deporte en San Miguel de Allende durante seis administraciones consecutivas.

A medida que los alcaldes iban y venían, las personas temblaban ante la posibilidad de ser despedidas o reemplazadas. Yo tenía la suerte de que los alcaldes confirmaban mi permanencia en el cargo. Incluso, algunas personas me buscaban para solicitar ayuda y conseguir puestos directivos en otras áreas. Les pedía que presentaran su plan, programa y presupuesto para San Miguel de Allende, y si era factible, les brindaba mi apoyo. Tenía la fortuna de poder hacerlo y aprendí la importancia de ser agradecido, especialmente con la vida y con Dios.

Descubrí que cuando tienes una **gratitud genuina** desde el corazón, **Dios no te abandona** y las cosas te van mucho mejor. Ayudar a alguien debe nacer del corazón, no estar con la expectativa de obtener beneficios o aprovecharse de esa persona en el futuro. He aprendido que, al dar sin esperar nada a cambio, también recibes mucho. Te conviertes en una persona generosa, voluntariamente. Aprendamos cada día a tener esa bondad en el corazón y a ser agradecidos en todo momento.

Hoy en día, ayudo a las personas dentro de mis posibilidades y capacidades. Los animo a estudiar, a prepararse y a convertirse en alguien en la vida. Les digo que no hay nada imposible, que deben creer, crear y alcanzar todos sus objetivos y metas.

Esto es algo que anoté y que me gustó mucho de Alex Rovira. En su libro *La buena suerte*, Rovira habla sobre la integridad, y eso captó mi atención. **Ser íntegro implica ser coherente, consistente y congruente.** Ser coherente significa que llevas a la acción lo que piensas.

Ser consistente implica que tus pensamientos y sentimientos están alineados. Y ser congruente es que tus acciones reflejen quién eres en lo más profundo de tu corazón.

Estas frases de Rovira se basan a su vez en las enseñanzas de Platón, quien afirmaba que la sabiduría consiste en administrar nuestros pensamientos, la templanza en administrar nuestras emociones, y la fortaleza, en el buen manejo de nuestras acciones..

Considerando todo esto, así como con la gratitud, el músculo psicológico, el carácter y la sabiduría, creo que debemos esforzarnos por ser seres humanos íntegros.

Sé que esto puede resultar difícil y complicado, pero he comprobado en muchas ocasiones que depende de nosotros mismos lo que debemos proyectar y enseñar a los niños y jóvenes.

Es decir, imagina que estás caminando por la calle con tu hijo y de repente encuentras una cartera llena de dinero y tarjetas de crédito. Tu hijo te observa. La forma en que actúes en esa instancia dependerá de lo que desees enseñarle a tu hijo. Son dos cosas.

Si pretendes enseñarle algo malo a tu hijo, te quedas con la cartera, sacas el dinero frente a él y le muestras las tarjetas. Tu hijo aprendería por imitación.

Pero también puedes optar por transmitirle lo correcto. Podrías decirle: "Mira hijo, acabo de encontrar esta cartera. Vamos a preguntar a quién pertenece para devolverla". Desde ese momento, tu hijo aprendería que las cosas perdidas tienen dueño y no son de uno.

Sigamos aprendiendo cada día.

Cuando despiertes, agradece a Dios por regalarte un día más, por permitirte respirar. Cada mañana practica inhalar y exhalar treinta veces. Eso fortalece los pulmones, riñones y sistema circulatorio, te da vida.

Por mi parte estoy agradecido con Dios por todo lo que he vivido y he podido descifrar, para ordenar mis experiencias en los andares de mi vida. Ahora puedo verlo todo claramente.

Recuerda: No hay nada imposible, debes creer, crear y lograr todos tus objetivos y metas.

CAPÍTULO 6
LECCIONES APRENDIDAS

La vida me ha enseñado mucho en el camino. He conocido gente inteligente que me ha ayudado a hacer las cosas bien, pero también gente que me ha enseñado cómo no hacerlas. He cometido muchos errores, pero soy humano y siempre estoy dispuesto a aprender. Nunca se deja de aprender: incluso para morir hay que aprender a hacerlo.

Quiero contarte mi historia y mi mensaje para que aprendas a valorar y entender lo que te pasa, a educar a tus hijos y a esforzarte por lo que quieres. Con mi libro, con mi experiencia, te voy a demostrar que **cuando tienes un propósito en la vida, nada te detiene**. Aunque te caigas, te levantas y sigues adelante. Quiero que nunca pierdas de vista tu objetivo; como dicen por ahí, todo tiene un principio y un fin.

Una vez le dije a un locutor de radio muy cercano a mí, José María "Capi" Correa Téllez, quien ya falleció: "Capi, algún día voy a ser director del deporte a nivel estatal".

Él no me creyó y me dijo: "Estás loco Romualdo, ¿cuándo crees, hombre?". Yo le dije que lo iba a lograr, y sí, un día me dieron la dirección del deporte en el estado. Lo logré antes de que él se fuera. Me dijo: "Lo que te propones, lo logras, amigo".

Para llegar a ser director estatal es algo muy difícil, pero hay varias formas. Una es tener "palancas" en la política. Otra es la de tener una buena preparación, y ahí yo llevaba ventaja. A nivel estatal, con todo respeto, yo era uno de los mejor preparados en deporte, con experiencia, resultados, capacitación y conocimiento. Me conocían porque estaba en el municipio de San Miguel de Allende y quienes ya estaban en el cargo sabían lo que podía dar.

Cuando entré como promotor deportivo empezaron las

campañas políticas. Uno de los candidatos me invitó a trabajar en su campaña y me dijo: "Romualdo, ayúdame en el tema del deporte". Yo no era ni soy político, te lo aseguro. Siempre me consideré un líder que atraía a la gente y en el que creían, y eso fue lo que me ayudó. Los políticos se fijan en los líderes naturales. Por ejemplo, en México, ahora hay deportistas que se postulan como candidatos al Senado de la República, porque son líderes naturales y atraen a la gente.

Bueno, el caso es que uno de estos candidatos me invitó a ser el coordinador deportivo de su campaña. Le llevé su campaña en la zona norte y le gustó mucho mi trabajo. Ganó las elecciones y, en un acto público, nos agradeció a todos los del deporte por el apoyo: asociaciones, entrenadores, municipios, etc. Agradeció públicamente y dijo: "Saben qué, el director de deportes será Romualdo Hernández". No te imaginas cómo me sentí en ese momento, fue una emoción enorme.

Que alguien de San Miguel de Allende haya sido nombrado para esa posición, teniendo a León, Guanajuato tan cerca y siendo una ciudad tan grande, fue una sorpresa para mí. Sin embargo, había tres personas más que también querían ser directores, pero ellos ya tenían experiencia política. Yo no tenía esa experiencia. Me separaron y me mandaron a hacer un proyecto deportivo para el estado de Guanajuato en una oficina. Yo, con mi corazón noble, dije: "No hay problema, lo haré". Me puse a trabajar en ello, pero para mi sorpresa, se repartieron todos los puestos y casi me quedo fuera.

El "Patrón" no se enteraba de lo que pasaba y yo tampoco le decía nada. Un día, después de un mes, me encontré con el "Patrón" y me preguntó: "Romualdo, ¿qué tal el deporte?". Le dije: "No sabría decirle".

Me preguntó qué hacía ahora, y cuando le dije que no hacía nada, llamó al director de deportes y le preguntó por qué no me habían incluido. El director le dijo que me iba a incluir... pero en realidad quería dejarme fuera.

Es curioso cómo somos los seres humanos, a veces sentimos que alguien sabe más que nosotros y, en lugar de ayudar, lo hundimos y lo jalamos hacia abajo.

Me enviaron a ocupar el puesto de director de

capacitación. Durante un año estuve capacitando a entrenadores. Pensé que estaba bien, ya que estudié la licenciatura en deportes y es mi campo. El caso es que mi estado estaba en el octavo lugar a nivel nacional, pero cuando entró el director caímos al puesto número 19. Fue un fracaso total.

El "Patrón" me mandó llamar de nuevo y delante de una conferencia de prensa me dijo: "Romualdo, necesito que tomes el cargo de director de deportes. ¿Qué tienes planeado hacer para sacar al estado de este bache?". Le comenté que lo primero que debíamos hacer era establecer centros de formación deportiva con fuerzas básicas de niños en todos los deportes prioritarios en nuestro estado.

El "Patrón" dio el visto bueno a mi propuesta y me puse manos a la obra con el proyecto. En el 2013, cuando tomé el cargo, estábamos en el lugar 19, pero para el 2014, escalamos al puesto número 18. En el 2015, subimos al puesto 13, en el 2016 alcanzamos el noveno lugar y en el 2017 llegamos al séptimo. Nos mantuvimos firmes en esa posición en el 2018.

Luego llegó la pandemia y todo se suspendió. Llegó otro "Patrón" e intentaron despedirme nuevamente del puesto de deportes. Incluso tenían mi liquidación y finiquito listos. Pero alguien, un ángel desconocido me defendió y les dijo a los demás: "No, señores, a él no lo toquen, no lo muevan". Hasta la fecha me pregunto quién sería esa persona.

Me enviaron a la dirección de capacitación de antes. Me dijeron que solo duraría un año. Me pidieron que esperara tranquilo y que seguiría recibiendo el mismo salario. Acepté y permanecí un año más en ese puesto.

Cuando dejé el cargo, nuestro estado descendió al octavo lugar en el 2020. Regresé al puesto en el año 2021 y logramos posicionarnos en el quinto lugar nacional. En el 2022 mantuvo esa posición.

Me complace afirmar que en el año en que escribo estas letras, 2023, he logrado una vez más consolidar al estado en la envidiable posición del quinto lugar.

Sin embargo, mi ambición y determinación no cesan en este punto. Mi visión se proyecta hacia el futuro con una meta clara y desafiante: llevar a nuestro querido estado a un nivel superior.

Sé que lo podemos lograr.

A lo largo de mi vida, he enfrentado numerosos desafíos y obstáculos, especialmente en el ámbito deportivo. Hay una cita que me ha inspirado constantemente a seguir adelante; es del neurólogo argentino Facundo Manes, quien ha dedicado gran parte de su carrera al estudio de la neurociencia y su aplicación en el deporte.

Él dice que hay dos tipos de seres humanos: **los que nacen en una cuna de seda y los que nacen en un río caudaloso**, donde los troncos te arrastran y las piedras te golpean, enfrentando constantemente el riesgo de morir.

Yo soy de los segundos; de los que nacimos en un río caudaloso; de los que aprendimos a valorar la vida; de los que conocemos en verdad el sabor de la victoria.

Actualmente, dirijo el deporte en mi ciudad. Es una tarea difícil, pues compito con varios estados que tienen mucho más presupuesto. Arrebatarles medallas y recursos resulta complicado y desafiante.

Ante esta situación, he propuesto una estrategia basada en el diagnóstico de la infraestructura deportiva en nuestro estado. Contamos con excelentes instalaciones: diecisiete centros de alto rendimiento, veintinueve pistas de atletismo y seis albercas oficiales de natación. Además, tenemos equipos profesionales de fútbol, béisbol y básquetbol, lo que nos convierte en un estado muy completo en términos deportivos.

Mi propuesta radica en no construir más infraestructura deportiva, sino en equipar adecuadamente lo que ya tenemos y contratar personal profesional para mejorar los resultados.

Ante esto utilizo una analogía en bienes raíces: imagina que alguien construye diecisiete casas de lujo, pero están vacías, sin muebles ni habitantes. Lo mismo ocurre con la infraestructura deportiva del estado. Necesitamos invertir en equipamiento y en contratar profesionales competentes para alcanzar resultados significativos.

Entiendo que esta estrategia es a largo plazo; sin embargo, confío en que si logramos implementar esta estrategia y mis directivos mantienen la confianza en mí, podremos alcanzar los primeros lugares en un futuro no muy lejano.

Estoy plenamente comprometido con este objetivo y satisfecho con todo lo que he logrado hasta ahora. Agradezco a Dios y a todas las personas que me han apoyado a lo largo de mi vida. Cada una de ellas ha contribuido con ideas y fortaleza, y estoy plenamente abierto a seguir aprendiendo y mejorando en mi labor.

EL DESAFÍO TRANSFORMADOR DE MI VIDA

A lo largo de mi vida, aprender a escuchar fue un desafío. De niño solía ser muy callado, y mi hiperactividad dificultaba mi capacidad de escuchar. Sin embargo, siempre he buscado mejorar esa habilidad de escuchar atentamente.

El doctor Norman Vincent Peale, un destacado escritor estadounidense, en su obra habla sobre la importancia de escuchar. En las escuelas, nos enseñan a leer y escribir, pero rara vez nos enseñan a escuchar. Es fundamental que los seres humanos se sientan escuchados y comprendidos, en lugar de simplemente pensar en lo que queremos decir.

En uno de los libros del Dr. Peale, se destaca una fascinante historia sobre una tribu de Arizona que practica un ancestral rito conocido como la "vara india". Este poderoso rito es utilizado como una herramienta para enseñar la invaluable **habilidad de escuchar**. Imagina a diez indios sentados en un círculo, donde solo el que sostiene la vara tiene el derecho de hablar. Una vez que termina de hablar y se siente comprendido, él decide a quién le pasa la vara, y esa persona tiene la oportunidad de expresarse. Esta estrategia promueve **la comprensión y el entendimiento** entre las personas.

Es sorprendente cómo algo tan sencillo como escuchar puede marcar la diferencia en nuestras vidas. Muchos problemas, como el suicidio y las catástrofes, podrían evitarse si aprendiéramos a escuchar a los demás.

A veces, no nos sentimos lo suficientemente seguros para compartir nuestros pensamientos y sentimientos con la familia, lo que lleva a algunos a asistir a grupos como

Alcohólicos Anónimos o Neuróticos Anónimos. Estos grupos brindan un espacio donde las personas se sienten escuchadas y encuentran sanación y apoyo.

Un amigo me preguntó una vez cómo tomar decisiones complicadas, y le dije que descubrí algo importante a través de mi propio sufrimiento. Las decisiones importantes deben tomarse **en soledad**.

Cuando estás solo, conectado espiritualmente con Dios y contigo mismo, puedes liberar toda la energía negativa y tomar decisiones sobre si continuar con malos hábitos, como fumar o beber, o dejarlos atrás. La responsabilidad de esas decisiones recae únicamente en ti, ya que ni los grupos de apoyo ni tus padres pueden tomarlas por ti.

A veces, enfrentamos una lucha interna con nuestros propios valores y nos convertimos en nuestro peor enemigo. En un segundo, el ser humano puede convertir su vida en un cielo o un infierno. Pero creo que la frase "Del pozo oscuro a la victoria", representa la transformación que ocurre cuando decidimos dejar atrás la oscuridad y buscar el éxito, como el ave Fénix que resurge de sus cenizas.

Aprender a escuchar es un desafío que **todos** debemos abordar. Escuchar nos permite comprender y conectar con los demás, evitando conflictos y promoviendo la empatía. Además, tomar decisiones importantes en soledad nos ayuda a asumir la responsabilidad de nuestras acciones y encontrar la fortaleza necesaria para superar obstáculos.

Escuchar y tomar decisiones conscientes puede transformar nuestra vida y llevarnos hacia la victoria.

CONCEPTOS DEPORTIVOS EN LA VIDA

Siempre he creído que en el deporte, en la vida y en la enseñanza, se aplican cuatro conceptos fundamentales:

Explicar, demostrar, ejecutar y corregir una acción.

Cuando le digo a un atleta que explique, demuestre, ejecute y corrija una acción, como entrenador debo explicarle la acción que quiero que realice, ya sea en una pizarra, una tablet, una laptop o cualquier otro medio que le resulte fácil de comprender.

Luego, procedemos a demostrar cómo se realiza esa acción y posteriormente, el atleta debe ejecutarla.

Por ejemplo, si eres un especialista en colocar ladrillos y me dices: "Toma estos ladrillos y colócalos", puede ser un poco difícil de entender. Sin embargo, si me dices: "Debes usar un hilo de nivel, colocarlos de esta manera y aplicar la mezcla con esta cuchara", **estás ejecutando la acción y yo estoy observando.**

Me explicaste, me demostraste, me ejecutaste y me corregiste la acción, eso es lo que llamamos retroalimentación. Cuando el alumno pone en práctica lo que le dijiste, le das indicaciones como "levántate", "mueve así", "golpea de esta manera", "observa así". Estos cuatro conceptos de explicar, demostrar, ejecutar y corregir una acción, son **vitales.**

A lo largo del tiempo, he aprendido que el poder y la posición que logres obtener, e incluso las grandes riquezas, no siempre te generan bienestar. Y peor aún, si no sabes dirigirlos, puede ser muy complicado. Por lo tanto, debemos saber controlar y dirigir el poder, y sobre todo, mantener la humildad.

No debemos permitir que la posición de una familia acomodada nos prive de la humildad que teníamos, y nos lleve a generar lujos y perder la conexión con la realidad.

Para manifestar algo, necesitas estar emocionado. Si no sientes esa emoción de adentro hacia afuera, no te servirá de nada. Si estás emocionado, puedes alcanzar tus sueños y visiones.

Las personas sanas tenemos muchos sueños, a veces sentimos que nos falta una cosa, queremos estudiar una carrera y luego otra. Cuando estás en la juventud, no sabes qué quieres. Incluso te hacen un examen psicométrico para ver qué tipo de carrera puedes elegir, pero a veces no te sientes identificado con las opciones.

Una persona sana tiene muchos sueños, mientras que una persona enferma tiene como único sueño sanar.

A veces tenemos la dicha de nacer con buena suerte y siempre estamos buscando el trébol de cuatro hojas, aunque no lo encontremos, siempre vamos tras él creyendo que existe.

Debes superar tantos obstáculos para encontrar el trébol de la buena suerte, y resulta que en el camino, esos obstáculos son precisamente los que te llevan a alcanzar la meta.

MÚSCULO PSICOLÓGICO: COMBINANDO LA VISIÓN CON LA EMOCIÓN

Cuando participé en mi primer torneo de fútbol y llegamos a la liguilla de *playoffs*, creo que logré hacer sentir a las personas lo que queríamos alcanzar. Tenía en mi equipo al campeón goleador nacional, alguien que ni el América ni el Cruz Azul ni ningún otro equipo tenía en la categoría de Tercera División. Todos los equipos de Primera División lo querían porque llevaba consigo el título de campeón goleador nacional de Tercera División.

Durante nuestro viaje hacia el primer *playoff* en Coahuila, me informaron que este jugador, el campeón goleador nacional, estaba muy enfermo. Me preocupé y me acerqué a él, se encontraba tapado con una cobija a pesar del calor que hacía. Le pregunté qué le pasaba y me dijo que se sentía resfriado, con dolores en el cuerpo y sin ganas de hacer nada. En ese momento, su estado físico dificultaba su recuperación.

Decidí estimular el músculo psicológico para generar una conexión con él y motivarlo a mejorar. En cuanto llegamos al estadio, llamé a mi asistente y le pedí que lo trajera. Lo hice sentar y le pregunté qué le estaba sucediendo.

Me confesó que se sentía muy enfermo, sin ganas de jugar.

Fue entonces cuando le expliqué que en la vida a menudo debemos superar obstáculos para alcanzar nuestros objetivos. Le recordé con convicción que dentro de su ser habitaba una mente inquebrantable, un carácter y temperamento que definían su personalidad en ese mismo instante.

Con mis palabras, le hice sentir capaz de enfrentar cualquier desafío y superarlo con valentía.

A continuación le mencioné que le daría dos pastillas

extraordinarias que me habían traído directamente de Europa. Estas pastillas representaban **lo más avanzado en tecnología de la salud** y tenían el poder de ayudarlo de manera perfecta con su problema. Le indiqué que debía tomarlas con un refresco y le aseguré que se curaría muy rápido y se sentiría mucho mejor. También le pedí que caminara descalzo sobre el césped para recibir la energía del pasto, se encomendara a Dios, tocara los postes y, aproximadamente en diez o quince minutos, su enfermedad desaparecería por completo.

Con entusiasmo le entregué esas dos pastillas y se las tomó sin dudarlo. Luego se dirigió al campo, se quitó los tenis y lo observé mientras caminaba con las manos en la cintura, admirando el sol, las gradas y sujetándose de los postes y las redes. Después de un tiempo, regresó hacia mí y me dijo que se sentía de maravilla, sin ninguna molestia y listo para jugar.

En realidad, las pastillas que le di eran simplemente unas **pastillas para el mal aliento** que compré por ahí. No tenían nada de extraordinarias.

Como puedes ver, no le proporcioné nada que lo curara

físicamente, simplemente fortalecí su mente. Su poder mental fue el verdadero remedio.

Quizá esto podría considerarse como una psicología inversa, ya que la mente tiene un gran poder. Creo que la visión que tuve en ese momento fue no perder uno de los elementos más importantes del equipo, y logramos conservarlo. Ese día, este jugador que no podía ni levantarse, anotó dos goles después de esta terapia.

Aunque más bien, fue un **Golazo Mental**.

En lugar de utilizar la palabra "visión", podría utilizar el término "objetivo". El objetivo que tenía era tener a mi equipo completo, y lo logré a través del método que mencioné. Lo veo como un logro, ya que obtuvimos los puntos que buscábamos.

Estoy seguro de que si ese jugador no hubiera jugado, el equipo se hubiera debilitado, ya que él era un líder nato que motivaba a todos, al portero, la defensa, la zona de creatividad y definición.

Creo que el objetivo de obtener los puntos fue fundamental para nuestro éxito.

Después de haber leído estas experiencias de mi vida, te aseguro que ya está calientito tu músculo de la mente listo para el *gimnasio mental* que te espera en los siguientes capítulos.

A continuación descubrirás los secretos que he descubierto en mi vida para generar conexiones, motivación y resultados sorprendentes.

Estas **7 claves** te ayudarán a fortalecer tu mentalidad competitiva, enfrentar tus miedos y lograr lo que parecía imposible.

¿Estás listo para desafiar tus límites y descubrir tu verdadero potencial?

No pierdas la oportunidad de cambiar tu vida y alcanzar el éxito que mereces.

Continúa leyendo, prepárate para transformarte en la mejor versión de ti mismo y anota ese ¡Golazo Mental!

CAPÍTULO 7

CLAVE 1: CREE EN TU LIDERAZGO

El primer paso para salir de tu zona de confort y alcanzar una mentalidad competitiva, es creer en tu potencial como **líder**. No se trata de ser arrogante ni de imponer tu voluntad, sino de tener confianza en ti mismo y en lo que puedes aportar al mundo.

Es importante que nos guste lo que hacemos, ya que así lograremos una gran sinergia y empatía con todo lo que nos rodea. Cognoscitiva y emocionalmente, mantén tu objetivo en mente sin distraerte con aquello que no puedes controlar, siempre enfocado en tu meta. Mantén una actitud positiva y contagia a los demás con tu energía. Piensa que estás vivo y que tienes la oportunidad de disfrutar cada momento.

En mi humilde opinión, un líder es alguien que predica con el ejemplo. Es quien se destaca en el equipo por su compromiso, su iniciativa y su capacidad de comunicar sus ideas. Pero también es quien se preocupa por su gente y la trata como si fuera su familia. Un líder no se siente superior a nadie, sino que asume la responsabilidad de ir al frente, aunque no sea el mejor.

Es el referente al que todos respetan y admiran, el que siempre está listo y preparado para cualquier reto. Si le pides que llegue cinco minutos antes, lo hará con una actitud impecable, bien vestido y dispuesto a hacer que las cosas pasen. Este es el tipo de líder que sobresale en todos los ámbitos de la vida: social, político, deportivo y humano.

Yo he vivido esta filosofía tanto en el fútbol como en los negocios. Antes de cada entrenamiento, me reunía con mi equipo técnico: el preparador físico, el psicólogo y mi asistente. Les explicaba cuál era el plan del día y cómo lo íbamos a ejecutar. Por ejemplo, si se trataba de practicar tiros a la portería con remates de cabeza o golpeo de pierna izquierda, les decía primero cuánto tiempo íbamos a entrenar, qué material íbamos a usar y cómo íbamos a recuperarnos.

Les informaba que íbamos a entrenar, por ejemplo, dos horas y media. Comenzaba con una charla técnica de quince minutos para motivarlos; les daba el contenido necesario para el trabajo que nos esperaba y luego dábamos paso a un calentamiento de quince minutos. Luego realizábamos un circuito de diez minutos para mejorar la técnica individual y colectiva, seguido de una hora de tiros a la portería. Finalmente, terminábamos con unos ejercicios de fuerza abdominal.

Esta comunicación abierta, clara y positiva siempre ha sido fundamental para motivar a mi equipo. Además, me gusta aplicar la misma metodología en mi trabajo actual en la administración así como en el negocio. Siempre le digo a mi equipo cuál es nuestro objetivo, hacia dónde nos dirigimos, qué queremos lograr, cómo vamos avanzando y por qué hacemos lo que hacemos para alcanzar nuestros objetivos.

Quiero contarte una anécdota que me marcó como entrenador y como líder. Fue un día que estaba preparando el entrenamiento con mi equipo de jóvenes futbolistas. Les había explicado que usaba tres silbatos para indicarles cuándo debían estar listos en el campo.

El primero era para que se prepararan, el segundo para que se levantaran y el tercero para que salieran a la cancha. Ese día, había planeado una sesión de entrenamiento con conos, ligas y una escalera para trabajar la coordinación. Los balones estaban listos y habíamos puesto una barrera de madera en la portería.

Al dar el primer silbatazo, todos los chicos estaban emocionados y charlaban bajo la grada sobre el partido anterior, que habíamos ganado. Pero ni siquiera me miraron. Al dar el segundo silbatazo, tampoco hicieron caso ni se movieron. Fue entonces cuando le dije a mi auxiliar: "Oye, parece que estos chicos no quieren entrenar hoy. Mira, si en el tercer silbatazo nadie viene al campo, recogeremos todo el material y nos iremos de aquí".

Así fue. Nadie vino al tercer silbatazo, así que empezamos a recoger los conos y los balones. Rápidamente, cargamos nuestras maletas en la camioneta y nos marchamos. Durante el camino, mi auxiliar me preguntó por qué había tomado esa decisión. Le expliqué que era una forma de enseñarles disciplina y de mostrarles las consecuencias de su falta de compromiso. Aunque implicaba perder un día de entrenamiento valioso, era necesario. No les ocultamos nada, simplemente les mostramos las consecuencias de sus acciones.

Luego de un rato, nos alcanzaron y todos se disculparon con humildad. Juraron y prometieron que nunca volverían a mostrar esa indisciplina dentro del campo, que respetarían a todos los miembros del cuerpo técnico y que valorarían el tiempo, porque el tiempo es oro. Fue un ejemplo claro de liderazgo que debemos consolidar y enseñar. Gracias a este tipo de acciones, ayudamos a los jóvenes a madurar y obtuvimos resultados positivos. Nos convertimos en uno de los equipos más consolidados. Logramos sinergia y empatía.

Hay momentos en los que estas acciones hacen que el equipo toque fondo, pero no nos quedamos ahí. Nos levantamos con una fuerza de triunfo, una humildad bien encauzada y, sobre todo, una gran disciplina. A veces, nuestra propia gente puede hacernos dudar, pero es importante recordar que al cuidar a nuestro equipo estamos cuidando a aquellos que nos cuidan a nosotros.

EL EFECTO PIGMALIÓN

En otra ocasión, recuerdo que durante una liguilla de fútbol nos asignaron una psicóloga al equipo. Ella era muy dura de carácter y temperamento. Hablaba con nosotros como si fuéramos iguales, sin importar si éramos hombres o mujeres. En esa temporada estábamos teniendo un mal desempeño y nos íbamos al descenso. La directiva decidió enviar a esta psicóloga para observar al equipo y evaluar la situación.

La psicóloga nos hizo sentir realmente mal. Observó a todos los jugadores y comenzó a soltar comentarios negativos. Preguntaba cosas como: "¿Eres portero? Con esa estatura no creo que tengas mucho futuro" o "Y tú, ¿en qué te desempeñas? Con ese cuerpo tan flaco, no parece que tengas fuerza". Sus palabras nos afectaron profundamente y nos dejaron tristes y desanimados. Nos parecía que no tenía fe en nosotros y que cuestionaba nuestras habilidades. Con un gran efecto emocional invertido.

Esa experiencia nos generó varias emociones... entre ellas ira y frustración. Nos preguntábamos por qué nos trataba así una supuesta psicóloga que había sido enviada para ayudarnos. Esperábamos que nos escuchara y nos ayudara a superar nuestras dificultades, pero resultó todo lo contrario.

Pero espérate, lo mejor estaba por venir. Nos dimos cuenta de que estábamos demasiado concentrados en nuestros problemas y en la posibilidad de descender de división. No estábamos teniendo en cuenta algo crucial: el poder de la mente y el músculo psicológico, como le llamo yo al músculo del carácter.

Después de evaluar a cada uno de nosotros, la psicóloga comentó que veía muy difícil que el equipo pudiera salvarse. No le agradaba cómo nos veíamos físicamente, decía que algunos éramos bajitos, otros altos, algunos delgados y, en general, no éramos atractivos en ese sentido. Nos desanimamos y nos quedamos sin palabras para responderle.

Entonces, la psicóloga nos propuso una apuesta. Apostó que perderíamos el próximo partido y ofreció una gran carne asada como premio si ganábamos. Nos sorprendió su propuesta y nos miramos unos a otros, tratando de decidir si aceptarla o no. Al final, alguien tomó la iniciativa y aceptamos el desafío.

A partir de ese momento, entrenamos con una rabia y determinación sin igual. Mejoramos nuestra técnica, perfeccionamos nuestras jugadas y trabajamos en tácticas fijas. Planificamos cómo actuar en cada situación del juego. El resultado fue que ganamos el partido y demostramos que podíamos superar las expectativas negativas de la psicóloga.

La psicóloga fue recompensada generosamente por sus servicios y nos invitó a la gran carne asada que nos había prometido. Para entonces, comprendimos la inteligencia de su enfoque y el impacto positivo que había logrado. Fue un **Golazo Mental**.

A veces, las personas inteligentes obtienen mejores resultados al invertir en la psicología. Esta experiencia nos enseñó a no subestimar lo desconocido y a comprender que la psicología puede generar resultados sorprendentes.

El *feedback* que un padre le de a su hijo es crucial para el comportamiento del niño. Si el padre le dice sin cesar cosas negativas como "siempre te caes" o "siempre te tropiezas cuando agarras el balón", es probable que el niño se caiga automáticamente, sin querer, solo porque su subconsciente está siguiendo las palabras del padre.

Sin embargo, si se le brinda un *feedback* positivo como "toma el balón, disfruta del juego y marca un gol", el niño lo logrará, ya que comprenderá y recibirá ese comentario de alguien que lo quiere, aprecia y respeta. Esto se conoce como el "Efecto Pigmalión" de Alex Rovira.

Aquí radica la importancia de la autoestima y el conocimiento propio.

Un abrazo cálido, una palmadita en la espalda, hacer que alguien se sienta bien consigo mismo, son elementos esenciales para que esa persona pueda creer en sí misma, cree y logre.

Como líder, es imprescindible que transmitas esta confianza y empoderamiento a cada individuo que forma parte de tu equipo. Es tu responsabilidad hacer que cada alma se sienta así.

Creer y crear, buscar estrategias y actividades para alcanzar nuestros objetivos son fundamentales. Debes creer en tu liderazgo, tomar decisiones y enfrentarte a los desafíos.

Si eres una persona que anhela hacer grandes cosas pero sientes que tu personalidad o carácter no son lo suficientemente fuertes, déjame decirte algo: ¡cree en tu liderazgo! No permitas que el pasado o las palabras negativas de otros te detengan. Tienes dentro de ti una gran visión y un deseo ardiente de triunfar, y eso es lo que importa.

Necesitas cultivar la fe y la esperanza en todo lo que haces. Debes confiar en tus pensamientos y no perder de vista tus objetivos y metas. Manténlos siempre presentes en tu mente y haz que resuenen en tu corazón. Si no puedes sentirlos y visualizarte alcanzando tus metas, será difícil convertirlos en realidad.

Recuerda que hay quienes pueden pero no quieren, y otros, quieren pero no los dejan. Imagina que eres ese jugador con mucho potencial, buenas piernas, agilidad y talento, pero si no te crees capaz, si no crees en tu gran técnica, en tu nivel de comunicación y en tu habilidad para ubicar a tus compañeros en el campo, es muy probable que lo único que te detenga sea tu falta de fe en ti mismo, en tu liderazgo. Necesitas comprometerte. Si sigues las instrucciones con disciplina y das siempre lo mejor de ti, desde hoy mismo serás titular.

DE LA FRUSTRACIÓN AL GOLAZO MENTAL

Quiero compartir una anécdota contigo de un jugador que creyó en su liderazgo y cambió su destino.

Cuando llevas a un deportista al campo de fútbol y le preguntas en qué posición juega, nadie dice ser defensa o mediocampista; todos quieren ser delanteros, aquellos que marcan los goles, porque son los que salen en la televisión, los que entrevistan y los que triunfan.

Tuve un futbolista de nombre Miguel Jáuregui, quien

siempre quiso ser centro delantero, un goleador, pero nunca pudo jugar esa posición porque yo tenía jugadores más altos, con mejores resultados y más habilidades técnicas. Así que pasó dos años en la banca esperando una oportunidad.

Un día, me pidieron prestados unos balones y cuando fui a buscarlos vi que Miguel estaba practicando tiros de esquina con otro jugador muy alto, de unos 1.89 metros. Miguel era de estatura mediana, pero le ganaba todos los balones aéreos al grandote. Me detuve en seco y lo observé.

Noté que ganaba todos los balones por arriba a pesar de su estatura; tenía un salto y una habilidad con la pierna para desafiar al jugador más alto y evitar que rematara. En ese momento, me di cuenta que necesitaba un defensa central, un líder que hablara en la defensa y que ubicara a todo el equipo.

Después de ver unos veinte tiros, me acerqué a él y le pregunté si se sentía seguro de hacer lo mismo en un partido. Miguel me dijo que nadie le ganaba ni una pelota por arriba. Le dije entonces: "Mira qué bueno, si sigues jugando como lo estás haciendo ahora, podrías ser titular en el Club Atlético San Miguel". Sus ojos le brillaron de emoción.

Y continué: "Te pondré de defensa central, pero jugarás como lo estás haciendo ahorita, y quiero que nadie te gane una pelota por arriba. ¿Estás dispuesto?"

Él aceptó y así descubrí a mi defensa central a través de un simple ensayo. Desde entonces, Miguel se convirtió en titular en la defensa central, y jugó todos los partidos de la misma manera que aquella vez frente al grandote.

Escuchó y creyó lo que le dije. Tuvo su Golazo Mental. Descubrió que no necesariamente tenía que estar en la delantera para ser titular. Comprendió que al subirse al barco, en algún momento se podría convertir en el capitán, y eso es lo que sucedió. De repente, Miguel se convirtió en el capitán del equipo porque creyó en lo que se le dijo.

Creyó, creó y logró.

El liderazgo es clave para el éxito en cualquier ámbito

de la vida. Ya sea en los deportes, los negocios o en lo personal, la vida es una competencia y el liderazgo marca la diferencia.

Me gusta comparar el apasionante mundo del fútbol con la filosofía de alcanzar el éxito en la vida.

La presencia de un líder excepcional es clave para el éxito de un equipo. Su capacidad para motivar, guiar y empoderar a cada integrante es radical para crear un ambiente de confianza y cohesión, donde cada jugador se sienta valorado y motivado a dar lo mejor de sí mismo.

Además, este líder excepcional no solo respalda a su equipo en los momentos de triunfo, sino también en los momentos de adversidad. Es en esos momentos cuando su fe y esperanza inquebrantables se vuelven aún más importantes, ya que son capaces de mantener la motivación y la determinación de su equipo, incluso en las situaciones más desafiantes.

En el fútbol, la cancha se divide en tres zonas: defensa, creatividad y definición. En cada una de estas zonas, es esencial tener un líder correspondiente: un líder defensivo, un líder creativo y un líder de definición. En cada zona, se deben tener objetivos y metas claras.

Al conjuntar los líderes en cada una de las zonas estratégicas, ya sea en el trabajo, en lo administrativo, en el ámbito político o social, se logra mantener un enfoque claro en los objetivos y se trabaja en conjunto para alcanzarlos.

Mantener una comunicación efectiva es crucial; es necesario tener una coordinación entre los líderes y los diferentes puntos estratégicos para lograr el éxito en cualquier campo de acción.

Cuando logras consolidarte como líder, unificando a tus líderes en diferentes puntos estratégicos, logras conjuntar a esos líderes por zonas y mantienes el enfoque en los objetivos de tiro a gol.

Además, se debe tener en cuenta a los jugadores que están en la banca, esperando su oportunidad y observando los errores de los titulares. A veces, en la oficina, encuentras personas que están al acecho del error, que critican y que tienen un egoísmo y egocentrismo excesivos. Sin embargo, cuando les das la oportunidad de demostrar su valía, demuestran su potencial y están dispuestos a aprender y seguir tus instrucciones como líder.

Me agrada ver cómo aquellos que vienen desde abajo, que han trabajado duro y han demostrado su compromiso, obtienen resultados increíbles. Estas personas sacan de sí mismas su máximo potencial gracias a las direcciones de un líder, y tratan de imitar a esa figura adoptando su visión, lo cual es muy gratificante. Es maravilloso formar un equipo fuerte, con habilidades técnicas, tácticas y físicas, así como una gran fortaleza mental. Cuando llegas a ese punto, nadie puede derribarte.

Llegar a ser un buen líder no es fácil. Requiere de mucho trabajo, sacrificio y perseverancia, así como de habilidades sociales y mucha inteligencia emocional. Pero si en verdad crees que puedes meter un Golazo Mental, lo crearás y lo lograrás.

Por eso he decidido ayudarte aún más.

Por haberte interesado en este mi libro, quiero darte un

bono. Es un **entrenamiento gratuito** donde te doy a conocer **cinco estrategias para ser un líder que inspira.**

Lo único que tienes qué hacer es ir a **www.RomualdoHernandez.com/regalo**

He querido darte más de lo prometido. Así que si quieres revisar ese entrenamiento sin costo para ti, ve a este enlace en este momento (por favor no lo compartas, es solo para los lectores de *Golazo Mental*).

En el siguiente capítulo, te voy a explicar cómo mejorar los resultados de tu equipo con una clave muy simple.

CAPÍTULO 8
SEGUNDA CLAVE: CULTIVA LA EMPATÍA

Convertirnos en líderes empáticos nos brinda la increíble habilidad de caminar en los zapatos de los demás, sintonizando sus emociones y necesidades más profundas.

La empatía es esencial para el trabajo en equipo; no solo en el deporte, sino también en lo administrativo, político o social. Con ella puedes lograr una mejor comunicación, una mayor confianza y una mayor colaboración con tu equipo.

Yo creo que es importante promover la equidad de género en el trabajo en equipo. Me he dado cuenta de que las mujeres son muy comprometidas y responsables. No soy feminista, pero, por ejemplo, en mis resultados de medallas de oro, plata y bronce, las mujeres han obtenido más medallas que los hombres.

He logrado percibir que las mujeres son más responsables en su entrenamiento. Siempre llegan a tiempo y fomentan la lealtad y una buena comunicación. Cuando se les asigna una tarea, la completan dentro del plazo establecido. Por otro lado, los hombres a veces son menos preocupados y tienden a posponer las cosas.

En un equipo, identificar el potencial de cada género te ayudará a alcanzar el éxito, ya que cada género tiene sus propias características. Por ejemplo, en mi experiencia de todos estos años, he descubierto que las mujeres están más conectadas con la planificación y las finanzas; están al tanto de cuánto dinero tenemos, cuánto nos falta o cuánto nos sobra.

Te voy a contar una historia de cómo la empatía me ayudó a encontrar a una persona clave para mi equipo.

He tenido a mi disposición expertos en metodología para hacer diagnósticos y censos de los atletas a nivel nacional. Siempre he buscado saber los objetivos a superar, la dirección que debemos tomar y todos los detalles; sin embargo, estas personas no me daban la información precisa. Por ejemplo, si me entregaban un informe con los nombres de los atletas de levantamiento de pesas, no profundizaban en los aspectos que yo esperaba, etcétera.

Me dije a mí mismo: "¿Cómo puedo solucionar esto?".

Fue entonces cuando decidí contratar a una mujer experta en programación. Le expliqué la idea y lo que quería conseguir. Quería tener objetivos claros y datos precisos para responder a mi director sobre el número de medallas de oro en atletismo para ese año. Mi intención era poder afirmar, basándome en tiempos y marcas, que iríamos por cierta cantidad de medallas con certeza y realismo. Necesitaba tener todos los elementos y detalles en mis manos.

Terminé de explicarle el proyecto y me sorprendió lo rápido que captó la idea. Por un instante, pensé que podría ser complicado de lograr, pero de inmediato inició una exhaustiva indagación junto a las diferentes asociaciones deportivas, entrenadores, deportistas y padres de familia.

Su pronta comprensión y acción me dejó impresionado, ya que otros no pudieron proporcionarme nunca la información que realmente necesitaba.

Me demostró su empatía y su profesionalismo. Es decir, **se puso en mis zapatos y le dio urgencia a su trabajo.** Además, la estructura de un equipo con equidad de género nos brindó orden y empatía, permitiéndonos avanzar en nuestra misión.

A lo largo del tiempo me di cuenta, y quiero reiterar, que las mujeres son sumamente responsables. No solo lo he observado en situaciones específicas como la que acabo de mencionar, sino también en diversas tareas en las que he colaborado con ellas.

Les he encargado la solución de oficios, la entrega de materiales y demás, y siempre lo hacen en tiempo y forma. No sé si he tenido suerte de contar con mujeres de esa calidad, pero sin ser feminista, debo reconocer que han logrado resultados excelentes.

Como líder, debes identificar a cada individuo conforme a sus aptitudes y habilidades, de esta forma podrás ubicarlos en la posición adecuada. Esto les permitirá ofrecer los mejores resultados, considerando su técnica, pasión y condición física.

Ser empático con todos, sin excepción, **garantizará la protección de un elevado espíritu de competencia**. Esto permitirá mantener el enfoque constante en objetivos claros y cultivar un sólido aspecto cognitivo y de autoestima.

Lo que pasa es que, la empatía por sí sola, no es suficiente si no tienes lo que voy a mostrarte a continuación.

CAPÍTULO 9

TERCERA CLAVE: OBJETIVOS CLAROS EN MENTE

Tener los objetivos claros en mi mente, ayudó a mejorar el ranking deportivo del estado, y esto se debió a una experiencia bastante particular en el deporte estatal.

En cierta ocasión, expuse un plan para consolidar los centros de formación deportiva. Yo veía esta idea como la estrategia perfecta para mejorar nuestro posicionamiento en el *top ten*. Aunque inicialmente mi Patrón no mostró confianza en el proyecto, me dio la oportunidad de elaborar el plan y nos asignó un presupuesto para llevarlo a cabo.

En toda organización, es fundamental tener un líder principal y un auxiliar, alguien que esté detrás del líder, brindando apoyo y preparado para enfrentar cualquier desafío. En el mundo del deporte, el equipo que compite es el número uno, pero es crucial tener una reserva lista para que los talentos emergentes puedan ocupar esos puestos y asegurar un futuro prometedor.

Cuando se planifica, programa y presupuesta de manera efectiva, obtenemos objetivos claros, con lo cual se garantiza el triunfo. Todos los miembros de la organización, desde los empleados de nivel más bajo hasta el director general, deben conocer y comprender los objetivos, la visión y la misión de la empresa u organismo. Esto asegurará que todos estén alineados para saber hacia dónde nos dirigimos, cómo vamos a lograr el objetivo y cuándo vamos a comenzar.

Cuando presenté el proyecto, estábamos en el puesto número 19 del *ranking* nacional. Mi objetivo era subir al menos diez puestos en cuatro años. Para lograrlo, necesitaba contar con un equipo competente y comprometido, con líderes en cada zona del campo: defensa, creatividad y definición.

En el primer año, logramos subir del puesto número 19 al 18. Aunque fue un avance pequeño, no me desanimé.

Seguí trabajando duro y perseverando en mi labor. En el segundo año, logramos ascender al puesto número 13. En ese momento, empecé a sentir más tranquilidad y fortaleza con el Patrón, lo que me permitió trabajar con mayor libertad y certeza. En el tercer año, alcanzamos el noveno lugar. Entonces el gobierno estatal empezó a presumir que los centros de formación eran una fortaleza para nuestro estado.

Ya estábamos consolidados como un estado competitivo a nivel nacional e internacional en el deporte, y comenzamos a atraer eventos de gran envergadura así como a generar divisas para la región. El Patrón estaba contento y aprovechaba cualquier evento deportivo para resaltar esos logros.

A medida que avanzaban los años, continuamos ascendiendo paso a paso en el *ranking* nacional, hasta que en el 2023, alcanzamos el quinto puesto.

Nos queda claro que entre todas las claves que te estoy dando en este libro, es fundamental tener objetivos claros **al momento de planificar, programar y presupuestar.**

Recuerdo que de niño solía salir con mis hermanos. Vivíamos en una gran huerta donde se sembraban árboles frutales de nueces, peras y manzanas. Mi mamá hacía las tortillas en el comal y, cuando hacía falta, nos mandaba a buscar leña. Durante esos recorridos, mis hermanos y yo íbamos conversando sobre fútbol y los equipos a los que cada uno apoyaba.

Como te dije al principio de este libro, mis hermanos eran seguidores de diferentes equipos, uno era del América y el otro de las Chivas, y trataban de convencerme para que me uniera a uno de los dos. Sin embargo, desde ese entonces, ya tenía una forma de pensar distinta. Sentía que la preferencia por un equipo tenía que venir desde el interior de uno, quizás desde el vientre de mi madre ya lo sentía así.

Aunque era un niño callado, siempre observaba todo a mi alrededor. Por eso cuando mis hermanos me mostraron aquel escudo, de corazón afirmé que algún día jugaría en el equipo de los Pumas, y lo hice de una manera firme y consciente. Aún cuando en ese momento era apenas un niño de seis años común y corriente… que no jugaba fútbol.

Mi vida dio un giro inesperado durante uno de esos viajes para recoger leña. En un momento de descanso, nos sentamos a partir nueces con una piedra. De la nada, unos niños aparecieron y nos invitaron a jugar un partido de fútbol. A pesar de que yo no conocía bien las reglas ni tampoco tenía zapatos especiales, nos unimos a aquel equipo. A partir de ahí me enamoré tanto de este deporte, que poco tiempo después, me inscribieron en ese mismo equipo de niños.

Al pasar los meses, mi hermano me dijo que ya no podía unirme a otro equipo porque ya me había registrado en ese. A tan corta edad no conocía los aspectos de la normativa y las reglas. Me explicó que podía jugar con ese equipo hasta que terminara la temporada, pero luego podría unirme a otro. Así comenzó mi camino en el fútbol.

Me encantaba jugar con el balón, correr y meter muchos goles. Me entregué por completo a este deporte, de día y de noche. Después participé en la selección infantil de fútbol del estado, luego pasé por la Tercera División y finalmente llegué a la Segunda División.

Incluso unos cazatalentos de Pumas me encontraron en un campo de fútbol llanero y me llevaron a la universidad.

Al final de cuentas, logré alcanzar ese objetivo de formar parte del equipo de la reserva nacional de la Universidad Nacional Autónoma de México. Ese objetivo claro y firme fue fortalecido por mi intensa pasión. Era tanto mi amor por el fútbol que llegué a dormir abrazado a un balón, incluso con el uniforme y los zapatos puestos.

A pesar de las adversidades, como los problemas que surgían con mi padre, siempre tuve bien definidos mis objetivos y metas. Nadie ni nada debía desviarme de lo que quería lograr. Tenía fe en Dios y una esperanza clara que me impulsaba a buscar y conseguir lo que amaba con pasión.

En el siguiente capítulo, te voy a enseñar cómo seguir un plan de acción y cómo adaptarte a los cambios para que puedas alcanzar tus objetivos.

CAPÍTULO 10

CUARTA CLAVE: SIGUE INSTRUCCIONES PRECISAS

En el caso de pertenecer a un equipo, sea en el deporte, en la oficina o en los negocios, es importante tener sinergia, empatía y tener claro hacia dónde se quiere llegar para alcanzar los objetivos planteados.

Además, se debe ser una voz con liderazgo que imponga respeto para alcanzar esos propósitos. Esto implica comprender y apoyar al equipo, como cuando se requieren permisos o se pide ayuda en ciertas acciones. Debes transmitirles que tienen el respaldo necesario.

En este punto, es determinante fortalecer los valores del equipo, comprender la misión y visión, y mantener una comunicación efectiva. La humildad, la responsabilidad y una adecuada gestión del presupuesto son elementos esenciales para no perder de vista la misión y visión.

Recuerdo una vez en la que estábamos jugando en un torneo contra el equipo de Chivas Tuxpan -equipo dirigido por el famoso "Tigre" Sepúlveda-, le dije a un jugador en la línea media que cuando recibiera el balón, debía entregárselo siempre al número nueve. Si no lo tenía disponible, debía hacer una variante con el número seis, pero le pedí que no dejara de avanzar.

De cualquier modo, me quedé muy intranquilo pues había estado batallando bastante con ese muchacho. Me había mostrado algo de rebeldía y eso era algo que a mí no me gustaba de él, pero quise darle una oportunidad.

Al comienzo todo iba muy bien en términos de nuestro planteamiento táctico. Nos defendíamos, atacábamos y nos replegábamos de manera efectiva. De repente, este muchacho desobedeció las instrucciones tácticas y disciplinarias que le había dado. En lugar de pasar el balón al número nueve o al número seis, como le había indicado, intentaba llevar el balón por su cuenta, esquivando a todos los jugadores en su camino hacia la portería para marcar el gol él mismo. No respetó mis indicaciones.

Desde la banca, le gritaba y le pedía que se detuviera, pero el jugador nunca volteaba para escuchar mis indicaciones. En un momento del partido, se acercó un poco a la banda y le dije: “Oye, ¿para qué te metí? ¿No entendiste lo que te dije? Debías pasar el balón, fortalecernos por los extremos”, etcétera.

Aunque para mi sorpresa, en lugar de responder de manera adecuada, me respondió con una grosería muy fuerte frente a los demás jugadores y el cuerpo técnico. Me gritó que me fuera al diablo y que dejara de molestarlo. Según él, había quedado muy bien frente a todos al ofenderme de esa manera.

A pesar de lo agresivo que fue su comportamiento, actué con prudencia e inmediatamente pedí a uno de los jóvenes suplentes de la banca que empezara a calentar. Tras unos minutos, remplacé al jugador que me había desobedecido.

Cuando salió del campo de juego, aproveché la oportunidad para hablar brevemente con él y le hice saber que ya no formaría parte del club. Esta decisión la tomé debido a su negativa a trabajar en equipo y su falta de comprensión acerca de la importancia de seguir las instrucciones. En mi visión, si alguien no está dispuesto **a seguir instrucciones precisas**, lo más probable es que esa persona no sea útil para la organización.

EL QUE OBEDECE NO SE EQUIVOCA

Una de las lecciones más importantes que he aprendido en mi trayectoria como líder es que la colaboración y la sinergia dentro de un equipo son esenciales para alcanzar el éxito. Las posibilidades de lograr grandes resultados aumentan cuando trabajamos con personas que comparten una misma mentalidad competitiva y están dispuestas a trabajar en equipo.

Desafortunadamente, a veces nos encontramos con personas que no comparten nuestros principios o no están dispuestas a trabajar juntos. Pueden ser quizá egoístas, individualistas o simplemente insensibles a la importancia de la unidad.

En esos casos, es crucial comprender que mantener a alguien así en nuestra organización puede ser muy perjudicial. Lo más seguro es que no nos vaya a ser útil para el crecimiento y el progreso del equipo.

La frase "el que obedece no se equivoca" encapsula la idea de que cuando **seguimos las normas, respetamos las reglas y nos alineamos con los valores y objetivos del equipo**, evitamos conflictos y garantizamos un funcionamiento fluido y armonioso.

Es necesario rodearnos de personas comprometidas que estén dispuestas a hacer todo lo posible para ayudar al equipo. Los que logran destacar y alcanzar resultados sobresalientes son aquellos que obedecen y trabajan en equipo, comprendiendo la importancia de la cooperación.

Como líderes, debemos tomar decisiones valientes y conscientes cuando nos encontramos con personas que no comparten nuestros valores o no están comprometidas con el trabajo en equipo. Al hacerlo, aseguramos que nuestra empresa, nuestro club o proyecto, se mantenga en un camino de progreso y éxito, rodeada únicamente de personas que aportan valor y comparten nuestra visión.

Recuerda que el éxito de cualquier organización depende del **nivel de su equipo y de la capacidad de sus miembros para trabajar juntos.** No permitas que aquellos que no están dispuestos a trabajar en equipo te impidan avanzar y lograr tus objetivos.

Esta cuarta clave para salir de tu zona de confort y alcanzar una mentalidad competitiva, radica en la importancia de seguir instrucciones precisas. **Seguirlas al pie de la letra** te proporcionará una guía clara para ejecutar tu plan de acción y adaptarte a los cambios de manera efectiva.

TIENES UNA MENTALIDAD DE CAMPEONATO

Si has llegado hasta aquí, eso quiere decir que en verdad tienes un compromiso genuino para alcanzar el éxito. Felicidades.

En **el camino hacia el éxito**, se encuentra un proceso que implica **compromiso, perseverancia** y una búsqueda constante de **superación**. Encontrarás desafíos que **pondrán a prueba** tu determinación y te enfrentarás a decisiones cruciales que **definirán** tu trayectoria.

¡No te desanimes!

Sigue explorando las últimas claves que te llevarán a meter ese Golazo Mental.

CAPÍTULO 11

QUINTA CLAVE: TEN FE

La quinta clave implica descubrir el poder transformador de la fe.

La fe es esa convicción y esperanza que depositamos en algo o alguien superior que no vemos, pero sabemos que está ahí. Es la verdadera fuerza que nos impulsa hacia adelante y nos lleva más allá de nuestros límites conocidos.

Permíteme compartir una experiencia personal que ilustra esto.

Estaba conduciendo con mi esposa cuando recibimos la noticia. Nuestra hija, Mariana, necesitaba una cirugía de cráneo debido a un reciente accidente en una competencia de natación. Desde hacía unos meses atrás tenía como una burbujita en su cabecita y después de muchos estudios, terminamos yendo con un especialista neurólogo quien le hizo un electroencefalograma.

La situación era extrema. La cirugía debía realizarse de forma inmediata y nos informaron que tenía que ser el próximo lunes... ¡y ya estábamos en viernes! La ansiedad me invadió, pues en ese momento, yo no tenía el suficiente dinero para cubrir los altísimos costos médicos.

Después de dejar en casa a mi esposa, conduje a través de la sierra para llegar a San Miguel. Durante el viaje, pensaba cómo iba a conseguir ese dinero antes del lunes. La vida de mi hija dependía de eso.

La angustia se apoderaba de mí mientras exploraba todas las posibles opciones. ¡Sentía que me ahogaba! Incluso consideré malbaratar la maquinaria que había heredado de mi padre. La fábrica la había cerrado hacía unos meses atrás y no pensaba abrirla de nuevo; pero, ¿quién iba a querer comprar todos estos fierros viejos?

Estando solo en el carro, desesperado, clamé a Dios con

todas mis fuerzas, diciendo: "¡Dios mío, ayúdame! ¡Yo siempre doy, pero a mí nadie me da nada!". Y lo clamé así muy fuerte, a gritos, sacando toda mi frustración... y entonces, un milagro aconteció.

Una profunda sensación de paz se apoderó de mí, acariciando mi alma y calmando mi espíritu. En ese momento, supe en lo más profundo de mi ser que no estaba solo, que había una fuerza superior que escuchaba mis súplicas y cuidaba de mí en cada paso del camino. En medio de la tranquilidad que inundó mi ser, sabía que encontraría una solución.

Al día siguiente, el sábado por la mañana, me encontraba inmerso en una maratón de llamadas telefónicas. A decir verdad, había perdido la cuenta de cuántas había realizado.

De pronto, mi celular comenzó a sonar, mostrando un número desconocido de la Ciudad de México. Al principio, una pizca de duda nubló mi mente, ya que no reconocía la procedencia, pero finalmente decidí contestar. Del otro lado de la línea, me encontré con una persona interesada en adquirir los pisos que fabricábamos.

"Necesito que me hagas un gran favor", me dijo. "Estoy buscando una gran cantidad de pisos de la mejor calidad".

Le expliqué que ya no estaba haciendo pisos, pero que podíamos vernos en la fábrica ese mismo día para hablar del asunto.

Cuando nos vimos, me preguntó por qué ya no estaba fabricando pisos. Le conté mis motivos: había estudiado otra carrera, estaba trabajando en otro sector y en fin no tenía el tiempo suficiente.

Me dice, ¿puedo ver tu máquina? Le digo sí, con gusto. Le abrí la puerta y empezó a ver los moldes. Yo todavía tenía muestrarios de los pisos y de todo. Luego me dice: ¿Y por qué no me la vendes?...

Entusiasmados, ahí mismo hicimos el trato. Con el dinero que obtuve de esa venta, ya podría pagar la cirugía de mi hija. ¡Incluso hasta me sobraba!

Todavía me dijo: "Necesito que me orientes por todo un año para aprender cómo se realiza este trabajo, y estoy dispuesto a pagarte mensualmente". Sin dudarlo, le respondí que sí, que con gusto. Acepté su propuesta a pesar de estar muy ocupado, pues me sentía muy agradecido por la oportunidad.

En ese momento, volteé al cielo y di gracias a Dios de todo corazón.

La experiencia que acabo de compartir contigo reafirmó en mí el concepto de la fe de una manera extraordinaria. Hoy estoy convencido que es fundamental tener fe para alcanzar nuestros objetivos. Sin ella, es probable que fracasemos en nuestro camino hacia el éxito. La fe nos impulsa a seguir adelante incluso cuando las circunstancias parecen desfavorables.

En este punto, quiero enfatizar **la importancia de mantener nuestra fe inquebrantable**. No podemos permitirnos perderla. Sé que cada uno es libre de elegir lo que considera verdadero, pero en mi caso, creo en Dios y para mí, esto es lo más importante.

Este tema ha sido de gran trascendencia en mi vida, algo que me ha brindado fortaleza y esperanza en los momentos más desafiantes. Es esencial recordar que nuestra fe no solo nos ayuda a **alcanzar nuestros objetivos**, sino que también nos brinda un sentido de **propósito** y **significado en la vida**. Nos proporciona la confianza necesaria para superar los obstáculos y nos guía hacia un mejor futuro.

Por lo tanto, te animo a que **no pierdas la fe**, a mantenerla arraigada en tu corazón **sin importar las circunstancias** que puedas enfrentar. La fe es un **poderoso aliado** en nuestro viaje hacia el éxito y la realización personal. **Mantén viva tu fe**, confía en el proceso y continúa persiguiendo tus sueños con determinación y convicción.

CAPÍTULO 12
SEXTA CLAVE: NO SER JUDAS

Cuando se anunció públicamente que yo sería el director de deportes, me sentí muy feliz y orgulloso. Sin embargo, pronto me di cuenta que había otros intereses en juego y que no todos estaban contentos con mi nombramiento. Fui excluido de las reuniones del grupo y relegado a una oficina mientras "ellos" negociaban sus propios puestos.

Yo seguí las instrucciones precisas que se me habían dado y me enfoqué en trabajar el plan de deportes, aunque sentía que algo no andaba bien. El resultado fue que en el primer año, los dirigentes que me habían relegado fueron despedidos por su mala gestión. No me alegré de su desgracia, pero pensé: "Cosecharon lo que sembraron".

Se portaron mal conmigo y con el deporte. Ahora ya no están.

Creo que esto demuestra que **la ingratitud no conduce a nada bueno**. No supieron valorar mi potencial ni mis resultados. Al final, la justicia divina se encargó de poner a cada uno en su lugar. Por eso siempre les digo a mis colaboradores la importancia de **actuar con lealtad, integridad, juego limpio y ética**. Así podrán tener una conciencia tranquila y el reconocimiento de los demás.

Es primordial evitar el narcisismo y el egoísmo. No debemos considerarnos superiores o únicos. Tampoco debemos buscar nuestro propio beneficio a expensas de los demás, ya que eso solo nos lleva por el camino equivocado y nos hace perder el respeto de los demás.

En la vida, nos encontraremos con personas así, detractores que buscarán desacreditarnos ante aquellos con autoridad. Hablarán mal de nosotros, murmurarán, y no mostrarán colaboración ni apoyo. Sin embargo, lo más importante es mantenernos enfocados en obtener resultados que nos respalden. Busca ser reconocido por tus logros y que sea eso **lo que hable por ti**.

En el deporte estatal se destacan diversas áreas de enfoque, todas son importantes pero ninguna como la de deportes. Esta área es especialmente valorada debido a los impresionantes logros que hemos alcanzado: medallas de oro, plata y bronce en los Juegos Centroamericanos, nuestro destacado quinto lugar a nivel nacional, la participación en los Juegos Panamericanos y los Juegos Olímpicos. Nuestros éxitos hablan por sí mismos y nos posicionan como referentes en el ámbito deportivo.

Esto provoca que algunos personajes, por celos, envidia o resentimiento, comiencen a utilizar tácticas desleales, hablando a nuestras espaldas y cuestionando nuestro desempeño, incluso cuando obtenemos buenos resultados. Cada medalla perdida se convierte en una victoria para ellos, disfrutándolo como si fuera propio. Este grupo busca debilitarnos y perjudicarnos usando juego sucio.

Es como si estuviéramos jugando un partido de fútbol de once contra once y después descubro que tres de mis propios compañeros están en mi contra. Ya no estamos en igualdad de condiciones, ¡ahora somos ocho contra catorce!

En el ámbito del fútbol, existen jugadores que **traicionan**, se niegan **a pasar el balón** y **hablan mal de sus compañeros**. A estos jugadores les llamo "Judas". Muchas veces su objetivo es solo perjudicar al director del equipo, incluso si este último está desempeñándose de manera ejemplar.

Los "Judas" son personas narcisistas, creen que lo saben todo y se consideran líderes y superiores.

El psicólogo, escritor y conferencista Walter Riso los identifica como narcisistas, pero yo prefiero llamarlos simplemente "Judas". Estos individuos se perjudican a sí mismos. No permitamos que la traición y el egoísmo nos conviertan en uno de ellos.

Judas tenía al mejor equipo, al mejor amigo, al mejor maestro y al mejor líder. Sin embargo ¡fracasó!.

El problema no es el liderazgo... es la lealtad.

DESCUBRE A LOS FALSOS ALIADOS

En ocasiones, nos encontramos en situaciones en las que cometemos errores que generan conflictos e incluso acusaciones de traición. A pesar de los desafíos y la adversidad, es importante defender nuestras decisiones basadas en nuestros valores y principios. Rodearnos de personas leales y comprometidas con los mismos principios de uno, es fundamental para avanzar en nuestros proyectos y metas.

En el camino hacia el éxito, es muy probable que enfrentemos momentos de aislamiento y dificultades; sin embargo, es crucial mantener nuestra integridad y honestidad. No permitamos que las envidias, las ambiciones o los errores de otros nos desvíen de nuestro propósito.

Cuando trabajamos con pasión y determinación, enfocados en nuestros objetivos, podremos distinguir a los "Judas". Se distinguen solos. Son como la manzana podrida que corrompe a las demás.

Estas personas **pueden aparecer en cualquier aspecto**

de nuestra vida: en el deporte, los negocios o las relaciones personales. Su comportamiento desleal, tóxico y manipulador puede generar conflictos y obstáculos innecesarios. No permitamos que su presencia contamine nuestro entorno y afecte nuestro crecimiento y éxito.

Seamos astutos al identificar a los "Judas" y alejémonos de ellos. Mantengamos nuestra integridad y protejamos nuestras relaciones valiosas. No dejemos que su maldad nos contagie ni permitamos que su traición nos detenga en nuestro camino hacia el logro de nuestras metas.

La lección más valiosa que podemos extraer de estas experiencias es la importancia de rodearnos de personas leales y comprometidas. Al alejar a los "Judas" de nuestro entorno, evitamos que su influencia negativa afecte nuestra motivación y nuestro progreso. Estemos atentos a las señales de comportamiento deshonesto.

En resumen, seamos sabios y prudentes al identificar a aquellos que no actúan con lealtad y honestidad. Al mantenernos alejados de personas tóxicas y rodeados de individuos genuinos y comprometidos, podremos avanzar en nuestro objetivo de salir de nuestra zona de confort y alcanzar una mentalidad competitiva. Por nuestra parte no seamos "Judas" y **aprendamos a valorar y cultivar relaciones basadas en la autenticidad y la confianza mutua.**

Estamos llegando al final de este libro y quiero compartirte un último consejo para que sepas tomar las mejores decisiones.

CAPÍTULO 13
SÉPTIMA CLAVE: APRENDE A LEER LAS JUGADAS DE LA VIDA

Hemos recorrido juntos los seis capítulos anteriores, explorando estas claves que te guiarán fuera de la jaula del "confort". Espero que hayas disfrutado de las historias inspiradoras y los consejos que he compartido contigo hasta ahora. Aunque, espera un momento...

Antes de cerrar este viaje de autodescubrimiento, deseo llevarte aún más lejos en el camino hacia tus metas.

En este capítulo final, te revelaré uno de los más valiosos secretos para alcanzar el éxito: saber leer la jugada.

Pero, ¿qué significa realmente "leer la jugada"?

Según el método psicocinético, se trata de tener un

pensamiento anticipado, es decir, pensar en lo que va a suceder a continuación y estar preparado para actuar en consecuencia.

Es como en el fútbol. Imagina que durante tu entrenamiento, buscas mejorar tus reflejos. Tu entrenador te propone un ejercicio con balones y te indica: "Corre hacia ese cono y golpea el balón con la parte interna de tu pie derecho, luego regresa por el mismo camino y cabecea el balón". Aquí entra en juego el pensamiento psicocinético, un método que te ayuda a coordinar tus movimientos y anticiparte a la siguiente acción.

Al aplicar el pensamiento psicocinético, desarrollas una mayor agilidad mental y física. Te vuelves más astuto en cualquier campo, capaz de tomar decisiones rápidas y precisas. Es un recurso invaluable para superar obstáculos y alcanzar tus metas con mayor eficacia.

Por ejemplo, la selección mexicana de fútbol siempre parece estar en esa constante situación del "Ya merito"; pero lo que muchos no comprenden es que el éxito en el campo de juego **no llega por casualidad**. Cada jugada, cada movimiento, debe ser **perfeccionado** en cada sesión de entrenamiento.

Así como en el fútbol, donde cada jugada requiere estrategia y coordinación, en nuestra vida diaria también debemos **entrenar nuestra mente para actuar de manera oportuna y acertada**, es decir, entrenarnos a *leer la jugada.*

El pensamiento psicocinético es una herramienta poderosa que nos permite aprovechar al máximo nuestras capacidades y destacar en cualquier ámbito. Si vas a subir al escenario con tu guitarra para cantar, no puedes improvisar; debes ensayar los tiempos, las notas, los acordes y planificar cómo te vas a presentar. **Todo requiere práctica y preparación.**

PENALTI MENTAL DE TODO UN PAÍS

Veamos ahora el paradigma en torno al tiempo de penales de la Selección Mexicana. Siempre pensamos que estamos destinados a perder cuando llegamos a los penaltis; pero, ¿por qué México piensa así? ¿Por qué nos **penalizamos**

mentalmente de esa manera? Este es un gran error que he observado y he mencionado en repetidas ocasiones.

En mi equipo de fútbol, tenía un asistente que siempre quería estar en el centro de atención. Jugaba profesionalmente conmigo, pero solo se presentaba a los partidos y nunca a los entrenamientos.

Sucedió que durante un partido clásico, estábamos empatados a cero, el marcador era muy ajustado y el juego estaba lleno de emoción. De repente, nos pitan un penalti a nuestro favor. El encargado de lanzarlo era un chico bajito de una comunidad cercana. Mi asistente, quien nunca se presentaba a los entrenamientos, se sorprendió de que ese chico fuera el elegido para cobrar el tiro, en lugar de otros jugadores más fuertes.

Él no sabía que en cada entrenamiento practicábamos la ocasión de los penaltis. Todo el equipo sabía de antemano quiénes serían los encargados de cobrarlos. Ya todo eso estaba decidido durante el entrenamiento.

Me decía: "¡Cómo es posible que este caramba vaya a tirar el penalti, si tienes a fulano o perengano que tienen mayor fuerza!". Escuché sus reclamos con paciencia, pero no le respondí.

Cuando el chico tomó el balón y ejecutó el penalti, anotó un soberano golazo. Lo hizo exactamente como lo habíamos practicado.

Ya nada más volteé y le dije: "Así es como se meten los mejores goles, entrenando, anticipándose a la jugada".

He visto que muchos entrenadores o líderes de equipo, tienden a improvisar demasiado y eso no es bueno. Se corre el riesgo de comprometer nuestra responsabilidad y los logros de nuestro equipo. El entrenamiento constante es clave para prever y anticipar los posibles escenarios que enfrentaremos. Solo a través de una preparación adecuada podremos asegurar el éxito en cada situación.

Llega un momento en el que nos sentimos abrumados y tomamos decisiones apresuradas que no son adecuadas. ¿Por qué sucede esto? Porque no hemos entrenado lo suficiente, no hemos anticipado. **Creo que para ser un buen líder, debemos ser capaces de leer la jugada antes de tiempo, cultivar una mentalidad proactiva**

y estar preparados para enfrentar cualquier desafío que se presente. Solo a través de la anticipación y el pensamiento psicocinético podremos tomar decisiones acertadas y alcanzar el éxito deseado.

Cuando entrenamos, ayudamos a los deportistas a desarrollar su visión periférica, su reflejo visual y su reacción rápida. Es evidente que debemos entrenar para anticipar el juego y alcanzar nuestro máximo rendimiento. Por ejemplo, imagina que eres el delantero y yo soy el portero. Si te mueves hacia mi lado izquierdo, sé que ahí es donde recibiré el balón porque ya me lo estás indicando con anticipación.

Messi es un jugador excepcional que domina la técnica y la estrategia en el terreno de juego. Es capaz de crear una imagen mental de la jugada antes de golpear el balón. Visualiza toda la situación, captura esa imagen como una fotografía y ejecuta la jugada en fracciones de segundo. Esta habilidad solo se ha conseguido gracias al implacable entrenamiento. Sabe cómo golpear el balón con la parte interna, la punta, el empeine o la parte externa del pie.

Quizás recuerdes también a Roberto Carlos, el jugador brasileño que era zurdo y solía utilizar la parte externa de su pie izquierdo para darle efecto de curva a sus impresionantes goles. Solo son muestras de años de **intenso entrenamiento y preparación** en el pensamiento psicocinético.

Como puedes ver, en la vida es importante aprender a anticiparnos, ser inteligentes y leer la jugada.

VENTAS PSICOCINÉTICAS

En los negocios, la responsabilidad de lograr una venta exitosa también implica leer la jugada antes de tiempo y prepararse para el momento. A veces, los empresarios se mueven sin una estrategia o sin un plan y cuando se dan cuenta, se encuentran atrapados en un pantano de arenas movedizas, donde cada movimiento los hunde aún más.

Como líder visionario, tienes el poder de anticiparte a las jugadas del mercado y marcar la diferencia. ¿Sabes qué es lo que tus clientes necesitan incluso antes de que ellos mismos lo sepan? Imagina cómo sería si pudieras

adelantarte a sus necesidades y brindarles **soluciones** que **superen sus expectativas.**

Al hacer un análisis del mercado y comprender las preocupaciones de tus clientes puedes descubrir cómo ayudarlos de manera efectiva. Si tuvieras una farmacia, por ejemplo, las inyecciones gratuitas contra la gripe son un excelente ejemplo. Al brindar este valioso servicio a tu comunidad, no solo demuestras tu interés en el bienestar físico de tus clientes, sino que también estableces una relación de confianza sólida con ellos.

Imagina el impacto que tendría tu negocio si te conviertes en la referencia en tu área al ofrecer este servicio innovador. Tus clientes te verán como un aliado confiable y estarán más dispuestos a elegirte frente a tus competidores. Además, esta estrategia te brinda la oportunidad de establecer relaciones duraderas, lo que a su vez puede resultar en un aumento en las ventas.

Recuerda, como dueño de un negocio, eres un **estratega**, un **visionario** que sabe cómo **anticipar las necesidades del mercado**. Siéntete como Messi frente a la portería, listo para meter el gol.

Anticipa las jugadas y prepara tus movimientos a seguir. Conviértete en el líder que dirige tu negocio hacia el éxito, brindando soluciones innovadoras y generando un impacto positivo en la vida de tus clientes.

La clave está en anticiparse, investigar y comprender las necesidades de tus clientes. No te limites a satisfacer sus expectativas, **¡supéralas!** Inspírate en el poder de las inyecciones gratuitas contra la gripe y encuentra formas creativas de brindar un valor agregado a tus clientes.

Recuerda, cuando ofreces algo más que un producto o servicio, creas una experiencia única que perdura en la mente y el corazón de tus clientes.

¡Así que **lee la jugada con anticipación** y mete ese **"Gol Mental"** desde hoy!

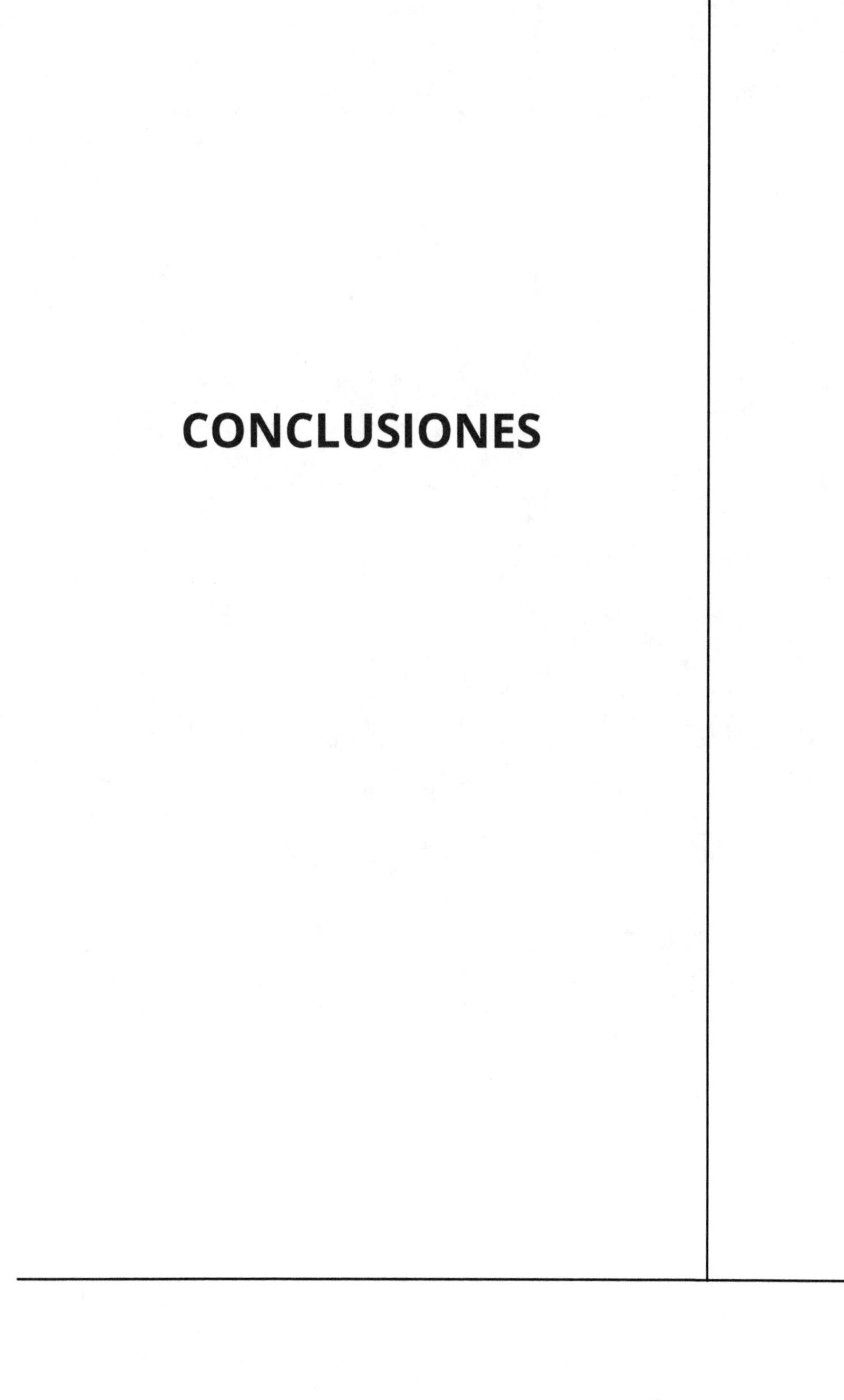

CONCLUSIONES

Al inicio de este libro, prometí revelarte mis secretos más valiosos para que salieras de tu zona de confort, superaras obstáculos y lograras una mentalidad competitiva. Al llegar al final de "Golazo Mental", me pregunto: ¿he logrado mi objetivo?

A lo largo de estas páginas, te he guiado a través de las siete claves fundamentales para alcanzar una mentalidad competitiva y lograr ese GOLAZO MENTAL que transformará tu vida. He compartido contigo historias inspiradoras, estrategias efectivas y consejos prácticos para que puedas dar el máximo de ti mismo.

Pero es importante recordar que el cambio verdadero se dará **cuando llevemos a la acción lo que hemos**

aprendido. En estos momentos ya puedes disfrutar, experimentar y aplicar estas herramientas de cambio.

Imagina cómo será tu vida cuando apliques todas estas claves en tu día a día...

- Liderando con confianza
- Cultivando la empatía en tus relaciones
- Estableciendo objetivos claros
- Siguiendo instrucciones precisas, porque el que obedece no se equivoca
- Creando una vida en la que no te traiciones a ti mismo ni a los demás
- Anticipando las jugadas de la vida y tomando decisiones acertadas que te lleven a la victoria

Hoy tienes en tus manos un recurso muy poderoso, necesario para triunfar en cualquier campo al que te enfrentes. Lo que sigue a continuación **es responsabilidad totalmente tuya:**

¡TOMA ACCIÓN!

Es natural que la duda, el miedo y la inseguridad intenten

detenerte, pero hoy es el día en que debes dar el primer paso. ¡Tú ya sabes qué hacer!

Si necesitas un asesoramiento personalizado para tu situación específica, una entrevista o incluso llevar mi conferencia a tu ciudad, no dudes en contactarme:

Email: info@romualdohernandez.com

Gracias por acompañarme en este viaje de autodescubrimiento y crecimiento personal.

El cambio comienza cuando decides actuar.

Romualdo Hernández

PD: ¡No te olvides de mi regalo!:

www.RomualdoHernandez.com/regalo

ROMUALDO

HERNÁNDEZ

Es el director del deporte estatal del estado de Guanajuato y un apasionado conferencista de liderazgo. Posee una licenciatura en Educación Física del Instituto José Vasconcelos en León, Guanajuato, así como una maestría en Gestión Deportiva de la Universidad de La Salle Bajío. Estas credenciales lo han llevado a desempeñar diversos cargos relacionados al deporte por muchos años. Entre ellas se encuentran:

Director del deporte municipal en San Miguel de Allende, Guanajuato; coordinador regional zona norte en CONGUAJUD; miembro del consejo directivo de la CEDAF; director de capacitación CODE Guanajuato; director de deportes de CODE Guanajuato; director técnico del Club Atlético San Miguel en la Tercera División y presidente de la Asociación Civil Club Atlético San Miguel.

Hernández ha participado como DT de fútbol profesional, asimismo cuenta con conocimientos en administración de gestión deportiva y normatividad deportiva municipal y estatal. De joven participó como jugador de fútbol en la Olimpiada Nacional y Juvenil (antes Juegos Deportivos Escolares de la Revolución).

Además, Romualdo Hernández ha destacado como instructor y conferencista de diversos temas de liderazgo, incluyendo su programa "**El Arte de Dirigir**" basado en valores y principios.

Cuando no está trabajando o escribiendo, Romualdo disfruta de pasar tiempo con su familia, escuchar audiolibros y leer obras de diferentes autores famosos. También le gusta salir a caminar al campo con sus perros y encontrar inspiración en la naturaleza.

¡GRACIAS POR LEER! ESPERAMOS QUE HAYAS DISFRUTADO DE ESTE LIBRO

El autor lee cada comentario publicado en su página de Amazon.

Te agradeceríamos que **compartieras tu opinión** acerca de esta obra, pues así ayudarás a otros lectores a tomar sus propias decisiones para invertir su propio tiempo y recursos en este contenido.

Dos cosas antes de que dejes tu comentario:

Primero, pedimos solo comentarios francos, que reflejen el verdadero impacto que este libro causó en ti.

Segundo, que estos comentarios sean prácticos con la intención de ayudar a otros a tomar sus propias decisiones.

Así que, si has disfrutado este libro y quieres notificar al autor, así como a sus futuros lectores acerca de tus impresiones, puedes dejar **tu comentario y tus estrellas** yendo en este momento a la página de Amazon donde adquiriste este libro.

O simplemente busca en Amazon el nombre del autor o el nombre de este libro.

Con Gratitud,

Editorial Misión

¿Te gustó la información que encontraste en este libro?

Si así fue, puedes contactar a el autor para llevar a tu ciudad **su conferencia:**

EL ARTE DE DIRIGIR

E-MAIL:
info@RomualdoHernandez.com

www.ingramcontent.com/pod-product-compliance
Lightning Source LLC
LaVergne TN
LVHW010657110826
845149LV00014B/3132

* 9 7 8 1 9 5 8 6 7 7 1 1 7 *